CUADERNOS PHASE
126

LOS ICONOS

HISTORIA. TEOLOGÍA. ESPIRITUALIDAD

Dirige *Cuadernos Phase:* Josep Urdeix

DIMITRIOS I, *Teología y espiritualidad del icono.* Carta encíclica del Patriarca Ecuménico. Texto original griego en: *Episkepsis,* n. 388, de 18 noviembre 1987. Versión francesa en: *La Documentation Catholique* 1958 (1988) 323-328. Versión castellana en *Phase* 168 (1988) 527-541.

JUAN PABLO II, *Carta Apostólica "Duodecimum Saeculum".* Texto latino en *L'Osservatore Romano* de 5 febrero 1988. Versión castellana en *Ecclesia* 2363 (1988) 283-287.

ADALBERT FRANQUESA, *El II Concilio de Nicea y el icono,* en *Phase* 143 (1984) 417-435.

FRANCISCO JAVIER MARTÍNEZ MEDINA, *Los iconos orientales y las imágenes de Occidente. Valoración y discusión,* en: *Phase* 143 (1984) 437-450.

Mayo 2002

Edita: Centre de Pastoral Litúrgica
Rivadeneyra 6,7. 08002 Barcelona
ISBN: 84-7467-821-8
D.L.: B - 19.814 - 2002
Imp.: JNP

INTRODUCCIÓN

En el ámbito religioso, el término "icono" nos sitúa de manera inmediata ante una realidad artística que nos remite al contexto eclesial o a la espiritualidad oriental. Con todo, esta primera impresión, incluso respondiendo a la verdad, nos dice muy poco acerca del contenido o de cuanto hay detrás de lo que perciben nuestros ojos cuando se encuentran ante un icono.

Para comprender, aunque sólo sea de una manera mínima, cuanto se encierra tras la manifestación artística de los iconos, para alcanzar a gustar, en su justa medida, las dimensiones teológicas, espirituales, e incluso litúrgicas, que forman un todo con la realidad artística de los iconos, debemos acercarnos a ellos con la sensibilidad propia del medio eclesial en el que han encontrado su origen y en el que su expresión se ha ido desarrollando.

Es con la intención de hacernos algo más próxima esta sensibilidad que reunimos en este "Cuaderno" algunos textos que, más allá de hablarnos de la dimensión artística de los iconos, nos hablan de su proyección teológica y espiritual, nos hablan de cómo son contemplados y "vividos" los iconos en el ámbito de la Iglesias orientales, es decir, allí donde forman parte de las vivencias habituales, religiosas y litúrgicas, de los fieles.

En primer lugar reproducimos dos textos de particular significación, tanto por la dimensión magisterial que comportan como por el momento en el que fueron publicados. El primero es la encíclica del Patriarca Dimitrios I, Arzobispo de Constantinopla, haciendo hincapié en la teología y la espiritualidad del icono. El segundo es la Carta Apostólica "Duodecimum Saeculum", de Juan Pablo II, en la que, a partir de cuanto comporta la realidad de los iconos, subraya las dimensiones propias con las que debe revestirse siempre el arte religioso. Ambos textos tienen su punto de partida en la celebración del XII Centenario del II Concilio de Nicea, el último de los Concilios plenamente reconocidos tanto por la Iglesia Católica como por la Iglesia Ortodoxa y en el que quedó formulada y establecida la doctrina, tanto sobre los iconos como sobre las imágenes en general en relación a su uso en el culto o en lo que concierne a la piedad de los fieles.

Junto a estos documentos, publicamos dos estudios que también tienen su centro de atención en el II Concilio de Nicea, como momento eclesial particularmente significativo para comprender, a través de la historia y los avatares del dicho Concilio, el sentido propio de la "doctrina sobre los iconos", así como para ampliar la reflexión que pueda surgir de esta doctrina para profundizar en el sentido que debemos dar, en Occidente, al arte religioso y la valoración de que debe gozar el uso de las imágenes para ayudar pedagógicamente a la piedad de los fieles. Así, sin desplazar nuestra atención dc los "iconos", en su sentido más propio, nos introducimos en las realidades "icónicas" más próximas a nosotros y sobre las que no podemos dejar de prestar una seria atención pastoral.

J. U.

TEOLOGÍA Y ESPIRITUALIDAD DEL ICONO

Encíclica del Patriarca Dimitrios I en el XII centenario del II Concilio de Nicea (787)*

Dimitrios, por la gracia de Dios Arzobispo de Constantinopla, nueva Roma, y Patriarca ecuménico: que la gracia y la paz de Dios sean con todos los fieles de la Iglesia.

1. Que el nombre del Dios altísimo sea glorificado y bendito, Él que por nosotros los hombres y por nuestra salvación dispone de todo

---

* *El acercamiento entre la Iglesia católica y la Iglesia ortodoxa desde el encuentro de Pablo VI y Atenágoras I en Jerusalén, en 1964, y el levantamiento de las excomuniones del 1054, en 1965, ha conducido a vivir de manera creciente en la perspectiva de la unidad.*

Es característica de Juan Pablo II hablar de la Iglesia ortodoxa, de su teología, de su espiritualidad, de su historia, como lo podremos hacer el día en que se haya restablecido la unidad.

Ya en 1981, el XVI centenario del I Concilio de Constantinopla (381) nos dio la ocasión de conmemorarlo, de alguna manera, juntos. En 1987, el XII centenario del II Concilio de Nicea (787) nos dio de nuevo la ocasión para que ambas Iglesias dieran una mirada conjunta a un momento importante de la historia común.

En Nicea II se pusieron las bases doctrinales para resolver la cuestión de la veneración de las imágenes o "iconos". Si bien la Iglesia católica sigue fielmente esta tradición, necesita con todo la invitación de la complementariedad de la Iglesia de Oriente. Nicea II encontró la oposición decidida de la corte carolingia. La ruptura de la Reforma, en el siglo XVI, supuso en Occidente, en muchos casos, un verdadero iconoclasmo.

a favor del hombre según su designio eterno, de manera que el pueblo fiel lo aproveche para su alma a través de los acontecimientos de gran importancia histórica y especialmente a través de todo lo que tiene lugar en el Espíritu y en el seno de la Iglesia.

2. Los actos de la Iglesia son en verdad inspirados por Dios, gestos que a lo largo de los siglos trazan los contornos de la justa fe en el único Señor. Esto encuentra su concreción de maneras diferentes, pero sobre todo gracias a los santos Concilios ecuménicos que aseguran en el Espíritu los puntos esenciales de la fe salvadora en Cristo y demuestran que la Iglesia es el arca segura e inviolable de la verdad revelada y transmitida por los Apóstoles y los Padres.

El II Concilio de Nicea

3. El séptimo Concilio ecuménico, reunido por la piadosísima emperatriz Irene y por el patriarca Tarasio, de santa memoria, en el año 787 en Nicea, que congregó a 367 Padres teóforos venidos de todo Oriente y representantes del Occidente, tiene un lugar privilegiado en la larga serie de actos de la Iglesia una e indivisa realizados bajo la inspiración divina.

Cierta devoción de tiempos todavía no lejanos había empobrecido y banalizado el mundo de las imágenes sagradas. Y no ha faltado, después del Vaticano II, una reacción con peligro de caer en un nuevo iconoclasmo.

El Patriarca Dimitrios I de Constantinopla, junto con los metropolitas de su sínodo, publicó el 14 de septiembre de 1987, fiesta de la exaltación de la Santa Cruz, una encíclica que, conmemorando Nicea II, quiere hacer presente "a todos los fieles de la Iglesia" el sentido teológico, la función y el uso de los "iconos".

Me parece importante recordar que "icono" quiere decir simplemente "imagen" . Creo que convendría preferir el término "imagen" para no dar la impresión de que se trata de una cosa característica y hasta exclusiva de la Iglesia de Oriente. Desde los frescos de nuestras iglesias románicas hasta nuestros días, la veneración de las imágenes sagradas forma parte de nuestra liturgia. Y conviene que esté integrada justamente y no quede abandonada a la devoción popular, en su sentido más pobre.

Nicea II es el último Concilio reconocido como ecuménico por la Iglesia ortodoxa. Es, pues, la última referencia común del dogma para la Iglesia de Occidente y de Oriente. La encíclica del Patriarca de Constantinopla nos ofrece una posibilidad muy concreta de aprender los unos de los otros. Aunque sea con formas artísticas diferentes, hemos de ser fieles a la misma doctrina.– BARTOMEU UBACH

Constituyó una etapa de primera importancia para la vida de la Iglesia y de los fieles, ya que tuvo corno objetivo último que "la tradición inspirada por Dios de la Iglesia católica reciba su autoridad de una decisión común" (*Definición del II santo y gran concilio ecuménico de Nicea,* Mansi XIII, 376).

4. Al celebrar la conmemoración del XII centenario de este Concilio, hijos muy amados en el Señor, nuestra madre la Iglesia desea subrayar esta importancia especial y poner de relieve todos los puntos que se derivan de él, tanto para el afianzamiento de la fe de nuestros padres en los iconos como para la edificación de los fieles de la Iglesia dispersos por toda la tierra.

El movimiento iconoclasta

5. Ya conocéis, hijos y hermanos, las condiciones bajo las que se convocó este concilio en Nicea y los hechos particularmente trágicos que le precedieron y que dieron lugar al movimiento impío de la iconomaquia. Luchar contra los iconos se había convertido en la esencia de la enseñanza y de las acciones de los emperadores enemigos de Dios, de sus malos consejeros, de obispos y sacerdotes que tropezaban en los fundamentos de su fe, de altos dignatarios de la corte, de jefes militares y de una parte de los fieles.

Este movimiento iconoclasta culminó en una severa persecución que duró más de medio siglo y que provocó desgracias sin número en la Iglesia y en la vida religiosa de sus fieles.

6. Diversas herejías del pasado se habían reavivado en la iconomaquia. Tendencias maniqueas, gnósticas, docetistas y elementos nestorianos y monofisitas, con enseñanzas heréticas recientes, como la herejía pauliciana, sobre todo elementos hostiles al cristianismo (judaísmo, islam) que tomaban postura contra las representaciones de Dios, recordando así una tradición del Oriente no cristiano: todo esto había constituido el movimiento iconoclasta y había proporcionado las bases ideológicas para la horrible guerra declarada contra los iconos y contra los que los veneraban.

7. Ciertamente no habían faltado, de tanto en tanto, en la Iglesia exageraciones en la expresión del culto dado a los iconos. Las fuentes de la época las describen y las presentan como causas de la iconomaquia. Estos excesos, naturalmente, eran considerados como ocasiones para poner en marcha, desde el interior, la locura iconoclasta.

Con todo, tenemos que reconocer que la iconomaquia fue un movimiento que provenía de causas mucho más profundas, históricas, sociales y hostiles a la Iglesia.

8. Sea como sea, examinado desde el punto de vista eclesial y teológico, el movimiento iconoclasta, inconscientemente docético, de hecho impregnado de elementos señalados más arriba en los que se mezclaban ideas heréticas con influencias no cristianas opuestas a la representación de la Divinidad, se había propuesto corno objetivo en la enseñanza y en la acción la destrucción de la realidad de la encarnación divina y la negación de la naturaleza divino-humana del Señor, de la maternidad de la Madre de Dios, del honor dado a los santos, de la posibilidad de una santificación de la vida y de la materia, del paso de las cosas terrenas a las realidades celestiales y divinas por medio de la oración, de la contemplación, de la participación en la Divinidad y, en una palabra, de todo lo que era sagrado en la Iglesia y en la vida, así como lo que se encontraba en el centro de su espiritualidad en el Oriente ortodoxo.

"La iconomaquia declaró la guerra, no a los iconos, sino a los santos", afirmaba lapidariamente san Juan Damasceno (*Defensa de los iconos, Discurso* I, 19: PG 94,1249).

9. Pero sin duda, más allá de cualquier otra idea, la iconomaquia luchó con un furor hostil a Cristo para destruir la santa tradición de los iconos del Señor y, con ella, la cristología ortodoxa, buscando sobre todo y a cualquier precio el hacer prevalecer su propia cristología particular, extraña y hostil a la de los Concilios ecuménicos, y particularmente la de IV Concilio reunido en Calcedonia.

Según la concepción cristológica de los iconómacos, la representación de Cristo sobre un icono es inaceptable e impía, y del todo irrealizable, ya que las dos naturalezas de Cristo, unidas en la única persona, excluyen, según ellos, toda representación, tanto de su naturaleza divina (ya que el ser divino es inconcebible e indescriptible) como de su naturaleza humana, por el hecho de que la imagen creada de esta manera no se diferencia en nada de cualquier otra representación humana (cosa que, en el caso del Señor, Hijo y Verbo de Dios, es contraria a su manera de ser). Si, por otra parte, en el icono se intenta representar la naturaleza humana en la medida en que está unida a la divina, esto lleva, según ellos, a otra exageración, la que consiste en la confusión del concepto de "unión" de las dos naturalezas.

10. De estos principios que dominan el pensamiento y el sistema teológico de los iconómacos, éstos deducían de manera clara y neta la imposibilidad de cualquier representación del Señor y, como consecuencia de esto, de toda representación en iconos de otros santos personajes.

Así es como, por lo que hace a la Madre de Dios y a los santos, la doctrina iconómaca enseñaba que sus reproducciones pictóricas se referían necesariamente sólo a su existencia terrestre y no a su gloria celestial, cosa que hacía de los iconos simples representaciones materiales de personas, desprovistas de gloria y esplendor, sin rastro de luz divina; y que los iconos eran inútiles y extraños a la buena tradición, y su veneración no se diferenciaba en nada, según ellos, de la idolatría más grosera.

El VII Concilio ecuménico dice sobre esto: "(Los iconómacos) han osado criticar el ornamento digno de Dios, de los santos objetos del culto... no distinguiendo lo que es santo y lo que es profano y poniendo el icono del Señor y de sus santos en la misma categoría que las imágenes de los ídolos satánicos" (*Definición,* Mansi XIII, 376).

Doctrina eclesial sobre los iconos

11. A esto, la Tradición ortodoxa opone su propia teología del icono, que fundamenta sobre la comprensión correcta del dogma cristológico, en conformidad, sobre todo, con la definición dogmática del IV Concilio ecuménico de Calcedonia para las representaciones del Señor y de los diversos momentos de su vida en que aparece en su gloria teofánica. En conformidad también con la interpretación correcta de la enseñanza de la Iglesia por lo que hace a la materia y al espíritu, la esencia y las energías, lo increado y lo creado, lo celeste y lo terrestre, lo eterno y lo finito, el modelo y su representación; en conformidad, finalmente, con la posibilidad del encuentro con lo divino y del paso a éste a través del original representado, sobre todo en el caso de los iconos de los santos y de los ángeles de Dios.

12. En efecto, la tradición oriental conduce de manera definitiva a la realidad del icono. Esta tradición enseña el valor teológico de la expresión estética de la encarnación divina, poniendo así la imagen al servicio de la economía de Dios. Confiere al icono una función especial en el contexto de lo que es trascendente en las relaciones entre Dios y el hombre. Y reconoce la utilidad espiritual del icono en la vida cristiana como "Biblia de los iletrados" según Juan Damasceno, que afirma: "lo que es la Biblia para las personas instruidas, lo es el icono para los analfabetos; y lo que es la palabra para el oído, lo es el icono para la vista; estamos ligados al icono por la inteligencia" (J. Damasceno, *op. cit,* 1, 17, PG 94,1248).

13. La tradición ortodoxa va todavía más lejos: declara que a través del icono es la manifestación de la presencia y de la hipóstasis divina lo que se desvela, y son dejados de lado o en penumbra todos los detalles exteriores que caen bajo los sentidos. De todos estos detalles, la imagen sólo conserva lo que es estrictamente necesario para reconocer la historicidad de un hecho o de la dimensión espiritual de la persona de un santo. Y eso en unos datos purificados del todo y desmaterializados, que pertenecen a la esfera celestial más que al ambiente natural.

14. La persona representada en el icono es un ser que pertenece a la naturaleza pero que ya no le está sometido. No es un símbolo, como se puede deducir del contenido muy claro del canon 82 del Concilio ecuménico "in Trullo" que afirma: "Decretamos, pues, que es necesario reconstruir los rasgos humanos de Cristo nuestro Dios, el Cordero que quita el pecado del mundo. Como la forma perfecta de todos los seres pintada con colores, se debe en adelante pintar el icono de Cristo en lugar de representarlo bajo los rasgos de un cordero tal como se hacía en otro tiempo. Por este procedimiento comprendemos la sublime humillación del Dios Verbo y seremos conducidos a acordarnos de su ministerio como persona humana, de su pasión y de su muerte, y de la redención del mundo que por ella se ha conseguido" (G. Rallis y M. Podis, *Colección de los santos cánones*, vol. 2, Atenas 1852, 493).

He aquí por qué el icono representa la persona sagrada, no en sus proporciones naturales o simplemente en una expresión simbólica en vez de su semblanza humana, sino en su dimensión gloriosa y celestial. El ojo del pintor ortodoxo pasa a través de los diferentes caminos de la ascesis, penetra en el sublime "ayuno de los ojos" y tiende a coincidir totalmente con la contemplación del elemento transcendente tal como es revelado a la Iglesia en la dimensión del espíritu. Contrariamente a la tradición occidental, en la que observarnos una diferenciación y una distancia entre la materia y el espíritu, en el Oriente ortodoxo la realidad del icono ha conseguido y consigue todavía armonizar estos dos elementos, espíritu y materia, en la inteligencia, cosa que caracteriza la dialéctica particular de nuestra espiritualidad y encuentra en el icono su expresión artística perfecta e inspirada.

15. Por todas estas razones, la imagen de nuestra tradición se convierte en la forma más poderosa que toman los dogmas y la predicación, evolucionando y creando obras según las reglas sublimes de la contemplación religiosa. Estas contemplaciones pueden ser perfectamente comprensibles en las representaciones de Jesús, hombre y Señor.

Con toda razón se ha observado que el Verbo de Dios en quien "habita corporalmente toda la plenitud de la divinidad" (Col 2,9), el Verbo prometido revelado, que ha hablado, ha sido tocado y escuchado, se contiene íntegramente en las sagradas Escrituras. El mismo Verbo, tomando la forma arquitectural en el arte de construir, culmina en el santo edificio del templo (la iglesia).

Cantado y presentado en el escenario de la sinaxis eucarística, el Verbo constituye la santa liturgia. Este Verbo se ofrece místicamente a la contemplación y a la teología de la vista bajo la forma del icono único y unificado de Cristo, del que la Iglesia ha conservado intacta la memoria, y que para Dionisio Areopagita es el icono apofático del Señor, la forma de las formas, la forma de lo inaccesible.

16. El apóstol Pablo formula muy bien el fundamento cristológico del icono: "Cristo es la imagen visible (eikón) del Dios invisible" (Col 1,15). En otras palabras, la humanidad visible del Señor es la imagen de su divinidad invisible, o –para utilizar una fórmula más breve– "el lado visible del elemento invisible en la divinidad".

Según lo que acabamos de decir, la imagen (eikón) del Señor aparece como la imagen de Dios y del hombre, es decir, como la representación del Dios-Hombre. El razonamiento subyacente aquí es que, ya que el Hijo es por su divinidad la imagen consubstancial al hombre creado a imagen y semejanza de Dios, se convierte (y permanece desde su encarnación y hasta el final de los tiempos) en la imagen fiel de Dios. Es por esta razón por lo que afirma claramente: "Quien me ha visto a mí, ha visto al Padre" (Jn 14,9). Esto quiere decir que las dos naturalezas unidas en la única hipóstasis del Señor nos ofrecen la imagen única del Dios-Hombre Jesús, una imagen que expresa a Dios mismo, aunque Éste sea del todo inconcebible e indescriptible.

17. El Señor es la imagen de toda imagen, el arquetipo que engloba la totalidad de la esencia divina. Juan Damasceno dice: "Los iconos son las partes visibles de lo que en sí es invisible y no representable y que sólo es representado corporalmente para permitir que sea comprendido de un modo apenas perceptible... Ya que las cualidades invisibles de Dios son percibidas de manera inteligible en sus obras desde la creación del mundo (Rom 1,20). En efecto, nosotros vemos en las cosas creadas imágenes (iconos) que nos recuerdan de manera apenas perceptible las apariciones divinas" (*op.cit.,* 1,11, PG 94,1241). Así pues, tenemos a Dios (que es imposible de describir y de representar) únicamente por la imagen de su hipóstasis divino-humana: su Hijo y Verbo.

Este "esquerna teológico contradictorio", por decirlo así, es justificado por Gregorio Palamas del modo siguiente: Dios, que es desconocido e inconcebible, totalmente transcendente según su esencia, se convierte al mismo tiempo en un ser participable en el plano empírico, ya que es como el que es y será, el que está presente en todas sus energías, las que la divina encarnación, el Hijo encamado, hace participables eternamente para el hombre que verá al Señor en su segunda venida. El hombre contemplará entonces este "rostro", esta "faz", de la divina auto-revelación. Transfigurado en la gloria del Señor, todo hombre justificado verá a Dios cara a cara. "Ya que ahora vemos (a Dios) como por medio de un espejo, pero entonces le veremos cara a cara. Ahora le conozco sólo en parte, pero entonces le conoceré de la misma manera que yo le soy conocido" (1 Co 13,12). Y este rostro, esta cara, será la misma que la del Verbo encarnado "que es la imagen del Dios invisible, el primogénito de toda la creación" (Col 1,15; 2 Co 4,4).

18. Por tanto, es la hipóstasis divina y humana del Señor la que hace visible en la imagen el lado invisible de Dios. "Sólo cuando veas (dice Juan Damasceno) lo incorporal convertido en hombre para ti, podrás conseguir representar la réplica de la forma humana. Sólo cuando lo invisible se convierta en visible en la carne podrás captar la semblanza de lo que has visto. Sólo cuando lo incorporal e informe, lo incuantificable e inconmensurable, lo que está más allá de toda medida por la superioridad de su naturaleza... se reviste de la forma del esclavo y se contrae en ella, podrás trazar y ofrecer, pintado sobre superficies lisas para que todos puedan contemplarlo, lo que se ha dignado hacerse visible" (*op.cit.*, I, 10, PG 94,1240).

El icono de Cristo

19. El icono de Cristo testimonia una presencia, su misma presencia, que permite llegar a una comunión de participación, a una comunión de oración y de resurrección, a una comunión espiritual, a un encuentro místico con el Señor pintado en imagen. Ciertamente, el icono del Señor no es Cristo mismo, como en la Eucaristía el pan es su Cuerpo y el vino su Sangre. En el icono tenemos la presencia de su hipóstasis, que no cambia ni modifica en nada la materia o los colores o el pincel o los dibujos exteriores y las formas a las que corresponden los dibujos. Con todo, este icono reproduce de manera hipostática la semblanza y la identidad de Cristo, que está representado en él, cosa que es la característica de toda imagen de él. Todo el misterio del icono está contenido en esta semblanza dinámica y misteriosa que remite al original, es decir, al ser divino y humano del Señor.

20. "El icono (afirma todavía Juan Damasceno) es una representación que reproduce fielmente el original, aún cuando hay una diferencia en relación con él: ya que el icono no es del todo semejante al arquetipo. Ya que el icono viviente, natural y totalmente fiel del Dios invisible es sólo el Hijo, que lleva en sí mismo al Padre todo entero, que tiene una identidad perfecta con él" (*op. cit.,* 1, 9, PG 94,1240).

Así pues, todo icono de Cristo representa e incluye la hipóstasis del Señor, y esta hipóstasis es justamente el elemento que, a través de él, irradia hacia el exterior. Y gracias a la irradiación y al atractivo, se convierte en medio que remite al modelo, que testimonia y anuncia la presencia del prototipo.

21. El VII Concilio ecuménico se expresa claramente sobre este punto: "...Una de las dos naturalezas es indescriptible y la otra es descrita y contemplada en el único icono de Cristo" (*Mansi* XIII, 244: *Intervención del diácono Epifanio*). Y eso para que sea proclamado a todos, por la decisión de este Concilio, que "haciendo el icono del Señor, confesamos la carne deificada del Señor y no reconocemos en el icono más que un icono que presenta la imitación del modelo. De esto recibe su nombre y es el único que participa de su esencia: por ello es venerable y santo el icono" (*ibid.*), tal como dice el himnógrafo: "El icono del que se ha encarnado es para nosotros una gloria, forma venerada con devoción pero no deificada".

22. La explicación dada sobre este punto por Juan Damasceno es parecida, ya que afirma: "En otro tiempo Dios, como es incorporal y sin forma, no era representable de ninguna manera. Ahora Dios se ha revelado en la carne y ha entrado en contacto con los hombres: yo represento, pues, por medio de un icono lo que veo de Dios. No venero la materia, venero al Creador de la materia, el que se ha hecho materia para mí y ha aceptado habitar en la materia, y ha obrado mi salvación por la materia. No pararé de respetar la materia por la cual ha sido obrada mi salvación (*op. cit.* 1, 16, PG 94,1245).

El honor tributado al icono pasa al original

23. Por eso, y según la interpretación que acabamos de dar de la enseñanza de la Iglesia referente a los iconos, comprendemos mejor la inspiración divina del contenido de la definición dogmática a la que llegaron los Padres del VII Concilio ecuménico: "Definimos con toda exactitud y consciencia que, al lado de la reproducción de la preciosa cruz vivificante, conviene dar un lugar a los santos y venerables iconos hechos con colores, en mosaico o con otros materiales apropiados, en las santas iglesias de Dios, en los objetos de culto y los ornamentos sagrados, en las paredes y sobre las tablas de madera, en las casas y en las calles; tanto el icono de nuestro Señor, Dios y Salvador Jesucristo, como el de nuestra Señora Inmaculada, la santa Madre de Dios, como el de los ángeles venerables y de todos los hombres santos y piadosos. Y que, cuanto más contemplados y representados sean en las imágenes, más se elevan los que los contemplan hacia la memoria y el deseo de sus prototipos. Por lo que hace al beso que se deposita en los iconos, éste tiene el sentido, según nuestra fe, de una veneración y no de un culto en el sentido estricto del término, porque el culto no se debe dirigir más que a la naturaleza divina. La veneración mencionada es semejante a la que se rinde a la verdadera y vivificante Cruz, a los santos Evangelios y a los otros objetos sagrados. A todas estas cosas se debe ofrecer incienso y cirios encendidos, y así se les honra según la piadosa y antigua costumbre. Ya que el honor tributado al icono pasa al original, y el que venera el icono venera en él la hipóstasis de quien éste representa" (*Mansi* XIII, 377).

Los iconos de los santos

24. Y ahora, queridos hijos en el Señor, os hablaré de los santos iconos de los elegidos de Dios, desde la santísima persona de la Madre del Señor hasta las decenas de miles de santos de nuestro firmamento religioso que han agradado a Dios.

La interpretación teológica que se refiere a ellos es pneumatocéntrica en el grado más alto. Juan Damasceno dice: "Los santos, ya durante su vida estaban llenos de Espíritu Santo, y después de su muerte la gracia del Espíritu Santo penetra de manera permanente en sus almas, sus cuerpos que están en las tumbas, sus rasgos individuales y sus santos iconos. Esto, no según su esencia, sino por la gracia y la energía del Espíritu Santo" (*op. cit.,* 1,19, PG 94,1249).

25. Por todo lo que acabo de decir, la teología de los iconos de los santos aparece estrechamente ligada con su hipóstasis, llena de gracia por el Espíritu Santo, ya que los santos poseen, más allá de su cuerpo terrestre, un cuerpo celestial sumergido en la luz de Dios y del cual están revestidos, porque han sido considerados dignos de ello por Dios.

El icono de la Madre de Dios y de los santos proyecta, pues, ante nosotros el verdadero rostro de su persona glorificada, en la que y por la que han podido ser agradables a Dios, y gracias a la cual gozan de la contemplación del Altísimo. En otras palabras, los santos son representados, honrados y venerados en sus iconos por parte de los fieles bajo su semblanza celestial, y en esto podemos decir que hay una profunda relación de ellos con la teoría cristológica más general de los iconos.

26. Por lo que hace a los ángeles, "espíritus que sirven a Dios, enviados para llevar la salvación" (He 1,14), el Nuevo Testamento define su comportamiento. Está escrito: "... Los ángeles en el cielo están continuamente en la presencia del Padre del cielo" (Mt 18,10). Y en otro lugar: "Veréis abierto el cielo y a los ángeles de Dios subiendo y bajando sobre el Hijo del Hombre" (Jn 1,51). En el Antiguo Testamento Dios manda a Moisés que haga construir dos representaciones de ángeles sobre el arca de la alianza, para que por su medio Él pueda revelarse y hablar a Israel: "Harás, además, dos querubines de oro, en los dos extremos del propiciatorio... Allí me reuniré contigo... y te comunicaré todo lo que haya de ordenarte" (Ex 25,18.22).

27. La representación de los ángeles es otra contemplación de Dios por parte del hombre, que así pasa de manera indirecta a la luz divina y se comunica con la gracia hipostática de Dios por medio de los ojos del alma. Los ángeles pintados bajo forma humana son hipóstasis accesibles al espíritu del mundo inmaterial que hay fuera de nosotros, y expresan por su presentación, haciéndolo más participable, lo que siendo, en su hipóstasis incomprensible e inabarcable, se hace comprensible para los hombres exclusivamente por medio de los ojos del alma y de la experiencia espiritual, que va más allá de las cosas visibles y según la cual la bondad divina reflejada en los ángeles puede ser admirada y convertirse así en fuente de elevación y de contemplación mística para el hombre que se transfigura por esta contemplación.

Factores que definen los iconos

28. He aquí, hijos queridos en el Señor, la enseñanza relativa a los iconos y su veneración según la Tradición de nuestra Iglesia ortodoxa.

Que ninguno tenga dudas sobre el hecho de que el icono, sea cual sea la forma en que se presenta, conserva su particularidad en cuanto reproducción artística de la presencia hipostática de aquello que muestra, y corresponde a su característica indiscutible el ser un medio por el cual el honor, la veneración y la oración que se le dirigen pasan a un modelo y a través de él a Dios mismo. El icono es una obra de arte realizada y acabada después de una preparación adecuada del alma y del espíritu.

Es por ello por lo que nos revela su plena función: en efecto, presupone tres factores que han de coincidir para que sea completo, venerable y santo.

En primer lugar, el pintor que reproduce un objeto santo: el lado visible de lo invisible, aquello que es propuesto a la veneración, a la oración y, a través de ellas, al paso al Original.

En segundo lugar, la creación material en su función espiritual particular: el icono en sí mismo, que contiene la hipóstasis de los conceptos trascendentes de la gloria y de la luz, y que será portador y anunciador de estos elementos cuando sea propuesto a la veneración y a la oración de los fieles, según el texto del Apocalipsis, donde se dice que “la ciudad no tiene necesidad del sol ni de la luna que le den luz, porque la gloria de Dios la ilumina, y el Cordero es su lámpara” (Ap 21,23).

En último lugar, el hombre que contempla el icono, el fiel que se encuentra delante de él, que se convierte en una semblanza del que es representado por su actitud correcta y que delante de él es transfigurado, según las palabras de san Pablo: “Y todos nosotros, que a cara descubierta contemplamos como en un espejo la gloria del Señor, nos vamos transformando en esta misma imagen, pasando de una gloria a otra nueva gloria, como por la acción del Señor, que es el Espíritu” (2 Co 3,18).

La semblanza luminosa del modelo

29. No hemos de olvidar tampoco que el icono de Dios es el hombre creado según la imagen y la semejanza divina. El hombre que, a pesar de que haya oscurecido esta imagen por su caída y su pecado, conserva la posibilidad de ser transfigurado en la luz y la gloria de la hipóstasis divina tal como se reflejan en primer lugar, y sobre todo, en la presencia hipostática del Señor en el icono, y después en la de todas las santas personas que han sabido ser agradables a Dios. “Porque a los que de antemano conoció Dios, también los predestinó a reproducir la imagen de su Hijo, para que fuera él el primogénito entre muchos hermanos” (Rorn 8,29). “Y del mismo modo que hemos revestido la imagen del hombre terreno, revestiremos también la imagen del celeste” (1 Co 15,49).

Esta imagen es la luz de la presencia hipostática, y ofrece al fiel que la contempla y la venera la posibilidad de convertirse también en una semblanza luminosa del modelo, según la capacidad de su alma. Tal como escribe Gregorio de Nisa, “por esto el alma, acercándose a la luz, se convierte, también ella, en luz” (*Explicación precisa del Cantar de los Cantares,* Homilía V, PG 44,868-869). Así asume una forma crística, formando en sí misma a Cristo (Ga 4,19), “que es la imagen del Dios invisible” (Col 1,15).

30. En esta perspectiva hemos de entender toda la función del icono, que de manera definitiva tiene su principal lugar en la Iglesia ortodoxa de la cual es un elemento orgánico inseparable. La presencia de los iconos en la iglesia, con los sacerdotes que celebran y los fieles que oran, es la realización, en cada momento, del tiempo en que se realizará el misterio de la comunión de los santos, adorando al Dios trinitario, de todos los que han sabido agradar a Dios y que constituyen la Iglesia orante de hoy y de los siglos venideros. Y la veneración de los iconos, en el culto de la Iglesia, tiene una importancia capital porque acercan a los fieles que los veneran a Dios, a la presencia hipostática de las personas representadas y de los actos sacramentales celebrados en el temor de Dios. Ciertamente, el icono es también objeto de la devoción y de la oración en las casas privadas y en toda la vida personal de los cristianos, que en todo momento de recogimiento pueden elevar los ojos de su alma hacia las santas imágenes que santifican su vida particular, en su habitación o en cualquier otro lugar. Es comprensible y lícito.

No banalizar los iconos

31. Con todo, esto no quiere decir que la banalización de la función sagrada de los iconos sea lícita, y especialmente hacerlos servir como elemento decorativo de los lugares de la vida mundana, de las casas o de las salas de exposiciones, donde son exhibidos por personas del mundo que los aprecian sólo como obras de arte. Tampoco es lícito tratar los iconos como un artículo comercial o como un objeto para imprimir sobre papel u otros materiales de poco valor según los métodos actuales de reproducción industrial para sacar de ellos provecho. Todavía menos, aumentar de manera ilícita su circulación en la sociedad secularizada de hoy.

32. Además de que consideramos estas costumbres como sacrílegas e impías, como una ofensa grave y como un insulto al carácter sagrado del icono, conquista espiritual inmensa de la santa Iglesia ortodoxa, y que consideramos estas costumbres como abusos inadmisibles, condenamos toda explotación de los santos iconos por parte de quien sea.

Por consiguiente, animamos a los pastores de la Iglesia, que tienen la responsabilidad de velar por la salud espiritual y moral de los fieles, que procuren que siempre se garantice el respeto al carácter sagrado del icono, para que sea protegido contra todo peligro de corrupción y de degradación. Exhortamos, además, a los miembros fieles del pléroma de la Iglesia a que permanezcan inamovibles en al fe, la Tradición y la enseñanza que fueron decretados por los santos Padres del

VII Concilio ecuménico de Nicea, que decidieron que los iconos son las habitaciones sagradas de la presencia hipostática de las personas representadas, para la santificación de nuestra vida y para nuestra participación en la vida divina.

Del II Concilio de Nicea a nuestros días

33. He aquí, pues, hijos amadísimos en el Señor, lo que nuestra humilde persona –en unión con los santos metropolitas de esta Sede ecuménica, apostólica y patriarcal, nuestros hermanos y los concelebrantes que nos rodean– os quería decir sobre los iconos, su teología, su función y su uso en nuestra santa Iglesia ortodoxa. El santo VII Concilio ecuménico de Nicea, del que celebramos el glorioso XII centenario, este Concilio que restauró los iconos, que fundamentó teológicamente su enseñanza eclesial, y que estableció su función y su uso santificante, marcó en verdad con su sello los siglos pasados y marca todavía en nuestros días nuestra vida cultural y espiritual.

34. Llamando vuestra atención sobre su obra de la mayor importancia, consideramos este Concilio no sólo como un complemento de la santa sucesión de los Concilios ecuménicos, ya que es el que corona los seis precedentes, sino también como una etapa decisiva de nuestra Iglesia ortodoxa, que desde siempre ha fundamentado y proclamado sus dogmas en Concilio ecuménicos. Estamos seguros que el divino Fundador de la Iglesia, Cristo, permitirá proclamar igualmente como ecuménico el gran Concilio que tuvo lugar a mediados del siglo noveno y permitirá que sea convocado lo más rápidamente posible el santo gran Concilio que preparamos con todo esmero, para edificar la unidad de nuestra santa ortodoxia, y consolidar y ensanchar el cuerpo de la Iglesia de Cristo.

Que sean dados honor, veneración y poder a nuestro Salvador lleno de bondad, Jesucristo, que reposa sobre sus santos, así como a su Padre sin principio y a su santísimo y vivificante Espíritu, ahora y siempre por los siglos de los siglos. Amén.

Dado en las oficinas patriarcales del Fanar, el 14 de septiembre, fiesta de la Exaltación de la Santa Cruz, de 1987.

Vuestros intercesores en Cristo: Dimitrios de Constantinopla, Melitón de Calcedonia, Cirilo de Caldea, Jerónimo de Rodópolis, Focio de Imvros y Tenedos, Máximo de Staurópolis, Crisóstorno de Mira, Simeón de las Islas de los Príncipes, Gabriel de Colonia, Evangelos de Perga, Calínico de Listra, Constantino de Derka, Atanasio de Helenópolis, Joaquín de Melitene, Bartolomé de Filadelfia.

EL LENGUAJE DE LA BELLEZA AL SERVICIO DE LA FE

"Duodecimum Saeculum"
Carta Apostólica de Juan Pablo II en el XII centenario del II Concilio de Nicea

Venerables hermanos, salud y Bendición Apostólica.

1. El Duodécimo Centenario del II Concilio de Nicea (787) ha sido objeto de numerosas conmemoraciones eclesiales y académicas. La Santa Sede se ha asociado también a las mismas. [1] El acontecimiento ha sido celebrado igualmente con la publicación de una Encíclica de S.S. el Patriarca de Constantinopla y del Santo Sínodo, [2] iniciativa que subraya la actualidad de la importancia teológica y el alcance ecuménico del séptimo y último Concilio plenamente reconocido por la Iglesia Católica y por la Iglesia Ortodoxa. La misma doctrina, definida por este Concilio, referente a la legitimidad de la veneración de las imágenes en la Iglesia, merece también una atención especial, no sólo por las riquezas espirituales que de ellas se derivan, sino también por las exigencias que impone a todo el campo del arte sacro.

El peso dado por el II Concilio de Nicea al argumento de la tradi-

---

1 Especialmente con la carta del 8 de octubre de 1987 del Cardenal Secretario de Estado al Presidente de la *Sociedad Internacional para la Historia de los Concilios,* con ocasión del Simposio de Estambul (*L'Osservatore Romano,* 12-13 de octubre de 1987).

2 Fanar, 14 de septiembre de 1987.

ción, especialmente de la tradición no escrita, constituye, tanto para nosotros los católicos como para nuestros hermanos ortodoxos, una invitación a recorrer juntos el camino de la tradición de la Iglesia no dividida, para examinar de nuevo bajo su luz las divergencias que tantos siglos de separación han acentuado entre nosotros, y así encontrar, según la oración de Jesús al Padre (cf. Jn 17, 11. 20-21), la plena comunión en la unidad visible.

I. LA "SINERGÍA" ENTRE LA SEDE DE ROMA Y EL CONCILIO

2. El moderador del II Concilio de Nicea, el Patriarca de Constantinopla san Tarasio, dando razón al Papa Adriano I del desarrollo del Concilio, escribió: "Una vez que todos estuvimos sentados, hicimos a Cristo (nuestra) cabeza. El Santo Evangelio fue colocado en un sagrado trono, invitándonos a todos los presentes a juzgar según justicla» [3]. El haber puesto a Cristo como presidente de la asamblea conciliar, que se reunía en su nombre y bajo su autoridad, fue un gesto elocuente con el que se afirma que la unidad de la Iglesia sólo se puede realizar en la obediencia a su único Señor.

3. Los emperadores Irene y Constantino VI, que convocaron el Concilio, invitaron a mi predecesor Adriano I «como verdadero primer sacerdote, quien preside en lugar y en la sede del santo y venerabilísimo apóstol Pedro». [4] Fue representado por el Arcipreste de la Iglesia Romana y del Hegumeno el monasterio griego de San Sabas en Roma. Con el fin de asegurar la representación de la Iglesia universal se requirió la presencia de los Patriarcas orientales. [5] Dado que sus territorios se encontraban bajo la dominación musulmana, los Patriarcas de Alejandría y de Antioquía enviaron juntos una carta a Tarasio y el Patriarca de Jerusalén mandó una carta sinodal, las cuales fueron leídas en el Concilio. [6]

---

3 J. D. MANSI, *Sacrorum Conciliorum nova et amplissima Collectio* (= MANSI) XIII, 459C.

4 MANSI XII, 985.

5 Cf. MANSI XII, 1007.1086 y *Monumenta Germaniae Historica (= MGH), Epistulae* V *(Epistulae Karolini Aevi,* t. 3), p. 29, 30-33.

6 Cf. MANSI XII, 1127-1135 y 1135-11145.

Por aquel entonces se admitía comúnmente que las decisiones de un Concilio ecuménico no fueran válidas a no ser que el Obispo de Roma hubiera colaborado y los Patriarcas orientales hubiesen manifestado su consenso.[7]

En este modo de hacer, el papel de la Iglesia Romana era reconocido como insustituible. [8] Así el Concilio Niceno II aprobó la explicación del diácono Juan, según la cual, la asamblea de los iconoclastas celebrada en Hieria el año 754 no podía ser considerada legítima: «pues el Papa de los Romanos, o los sacerdotes que están junto a él no habían colaborado en la misma, ni por medio de legados, ni por una carta encíclica, como dicta la ley de los concilios», y del mismo modo «los patriarcas de Oriente, es decir, de Alejandría, de Antioquía, y de la ciudad santa, o sus ministros y sumos sacerdotes, que están con ellos, no habían manifestado su consenso». [9] Los Padres del Niceno II declararon, además, que ellos «seguían, recibían y aceptaban» la carta enviada por Adriano a los emperadores,[10] así como la carta entregada al Patriarca. Fueron leídas en latín y en su traducción griega y todos los presentes fueron invitados a dar su aprobación individualmente.[11]

4. El Concilio saludó, en la persona de los legados del Papa, a los miembros «de la santísima Iglesia de Roma, es decir, del apóstol Pedro» [12] y «de la sede apostólica», [13] haciendo propia la locución de la Iglesia Romana. [14] «El patriarca Tarasio, escribiendo a mi predecesor en nombre del Concilio, reconocía en él al sucesor del divino apóstol Pedro «cuya cátedra ha tocado en suerte a vuestra fraterna santidad» y «revestida vuestra santidad del sumo sacerdocio, por derecho y según la voluntad de Dios tiene la gloria de gobernar la sagrada jerarquía». [15]

---

7 Así el sacerdote Juan, legado de los Patriarcas Orientales, Mansi XII, 990A y XIII, 4A.

8 Cf. Mansi XII, 1134.

9 Mansi XIII, 208-209.

10 Mansi XII, 1085.

11 Cf. Mansi, XII, 1085-1111.

12 Mansi XII, 994, 1041, 1114; XIII, 157, 204, 366.

13 Mansi XII, 1086.

14 Cf. Carta de Adriano I a Carlomagno, en: *MGH, Epistulae* III (*Epistulae Merowingici et Karolini Aevi,* t. 1), p. 587, 5.

15 Mansi XIII, 463BC.

Uno de los acontecimientos de mayor importancia del Concilio, cuando éste se pronunció a favor del restablecimiento del culto de las imágenes, parece haber sido aquel en que fue acogida unánimemente la propuesta de los legados romanos de poner en medio de la Asamblea una venerable imagen, a la que los mismos Padres pudiesen manifestar su piedad y su veneración. [16]

El último Concilio Ecuménico reconocido por la Iglesia Católica y por la Ortodoxa permanece como un ejemplo admirable de «sinergía» entre la sede Romana y una asamblea conciliar. Se inscribe en la perspectiva de la eclesiología patrística de comunión, basada en la tradición, como justamente ha puesto de relieve el Concilio Ecuménico Vaticano II.

II. LA TRADICIÓN, REFERENCIA NORMATIVA SOBRE LA FE

5. El Concilio Niceno II declaró solemnemente a la «tradición eclesiástica tanto la escrita como la no escrita», [17] como norma moderadora de la fe y de la disciplina de la Iglesia. Los Padres confirman su deseo de «conservar intactas todas las tradiciones eclesiásticas, sean escritas o no escritas: una de ellas es la pintura de imágenes, la cual está en armonía con la historia de la predicación evangélica». [18] Contra el movimiento de los iconoclastas, que había apelado, incluso, a la Sagrada Escritura y a la Tradición de los Padres, especialmente en el pseudosínodo del año 754 celebrado en Hieria, el Concilio II de Nicea sanciona la legitimidad de la veneración de las imágenes, confirmando «la enseñanza divinamente inspirada de los Santos Padres y la tradición de la Iglesia católica». [19]

Los Padres del Concilio Niceno II entendían la «tradición eclesiástica» como tradición de los seis Concilios Ecuménicos precedentes y de los Padres ortodoxos, cuya doctrina es comúnmente aceptada en la Iglesia. El Concilio ha definido así como dogma de fe aquella verdad

---

16 Cf. Mansi XIII, 200.
17 Cf. IV anatema, en: Mansi XIII, 400.
18 Horos, en: Mansi, 377BC.
19 *Ibid.*, 377C.

esencial, según la cual el mensaje cristiano es «tradición», «paradosis». En la medida en que la Iglesia se ha desarrollado en el tiempo y en el espacio, su inteligencia de la tradición, de la que es anunciadora, ha conocido también las etapas de un desarrollo cuya investigación constituye, para el diálogo ecuménico y para toda auténtica reflexión teológica, un recorrido obligatorio.

6. Ya el mismo san Pablo nos enseña que, para la primera generación cristiana, la «paradosis» es la proclamación del evento de Cristo y de su significación actual, que realiza la salvación por medio del Espíritu Santo (cfr. 1 Cor 15, 3-8; 11, 2). La tradición de las palabras y de los hechos del Señor ha sido recogida en los cuatro evangelios, pero sin agotarse en ellos (cfr. Lc 1,1; Jn 20,30; 21,25). Esta tradición primigenia es tradición «apostólica» (cfr. Ts 2,14-15; Judas 17; 2 P 3,2). No concierne solamente al «depósito» de la «santa doctrina» (cfr. 2 Tm 1,6.12; Tt 1,9), sino también a las normas de conducta y a las reglas de la vida comunitaria (cfr. 1 Ts 4,1-7; 1 Co 4,17; 7,17; 11,16; 14,33). La Iglesia lee las Sagradas Escrituras a la luz de la «regla de la fe» [20], es decir, de su fe viviente, la cual ha permanecido fiel al magisterio de los Apóstoles. Todo lo que la Iglesia ha creído y practicado siempre, ella lo considera, con merecido título, como «tradición apostólica», San Agustín dirá: «Una observancia mantenida por toda la Iglesia y conservada siempre sin haber sido instituida por los Concilios, pasa por ser, con pleno derecho, una tradición derivada de la autoridad de los Apóstoles. [21]

En efecto, las tomas de posición de los Padres en los grandes debates teológicos de los siglos IV y V, la importancia creciente de la institución sinodal, tanto a nivel regional como universal, han hecho paulatinamente de la tradición la «tradición de los Padres» o la «tradición eclesiástica», entendida como desarrollo homogéneo de la tradición apostólica. Y así san Basilio el Grande apela a las «tradiciones no escri-

---

20 Cf. San Ireneo, *Adversus Haereses* I, 10, 1; 1, 22, 1; en *Sources Chrétiennes (= SCh)* 264, pp. 154-158; 308-310; Tertuliano, *De praescriptione* 13, 16, en: *Corpus Christianorum, series Latina (= CChL),* I, pp. 197-198; Orígenes, *Peri Archon*, Praef. 4, 10, en: *SCh* 252, pp. 80-89.

21 *De Baptismo* IV, 24, 31; en: *Corpus Scriptorum Ecclesiasticorum Latinorum (=CSEL)* 51, p. 259.

tas», que son las «tradiciones de los Padres», [22] para confirmar su teología trinitaria, poniendo de relieve el doble origen de la doctrina de la Iglesia: «por un lado la doctrina escrita, y por otro la tradición apostólica».[23]

El mismo Concilio Niceno II, que cita oportunamente a san Basilio a propósito de la teología de las imágenes, [24] invocó también la autoridad de los grandes doctores ortodoxos, como san Juan Crisóstomo, san Gregorio de Nisa, san Cirilo de Alejandría, san Gregorio Nacianceno. San Juan Damasceno resaltó igualmente la importancia para la fe de las «tradiciones no escritas», es decir, no contenidas en las Sagradas Escrituras, cuando exhortó: «Si alguno os presentase un Evangelio diverso del que la Iglesia católica ha recibido de los santos Apóstoles, de los Padres y los Concilios, y que ella ha conservado hasta ahora, no le prestéis oídos» [25].

7. El Concilio Vaticano II, más cercano a nosotros, ha puesto a plena luz la importancia de la «tradición que viene de los Apóstoles». «En efecto, la Sagrada Escritura es Palabra de Dios en cuanto, bajo la inspiración del Espíritu divino, ha sido entregada por escrito; la Palabra de Dios, confiada por Cristo Señor y por el Espíritu Santo a los Apóstoles es transmitida íntegramente a sus sucesores por la sagrada Tradición». [26] «Lo que ha sido transmitido por los Apóstoles comprende todo aquello que contribuye a conducir santamente la vida del pueblo de Dios y a aumentar la fe». [27] «La Sagrada Tradición y la Sagrada Escritura constituyen un único depósito sagrado confiado a la Iglesia.» La interpretación auténtica «de la Palabra de Dios, escrita o transmitida, ha sido confiada solamente al Magisterio vivo de la Iglesia, cuya autoridad se ejerce en nombre de Jesucristo». [28] Por medio de

---

22 *Sobre el Espíritu Santo*, VII 16, 21, 32; IX 22, 3; XXIX 71, 6; XXX 79, 15; en: *SCh* 17bis, pp. 298, 300, 322, 500, 528.

23 *Ibid.*, XXVII 66,1-3, pp. 478-480.

24 Cf. Horos, en: Mansi XIII, 378E.

25 *Discurso sobre las imágenes*, III, 3, en: *PG* 94, 1320-1321; o B. Kotter, *Die Schriften des Johannes von Damaskos*, vol. III (*Contra imaginum calumniatores orationes tres*), en: *Patristische Texte und Studien* 17, Berlín-Nueva York, 1975, III, 3, pp. 72-73.

26 Constitución Dogmática *Dei Verbum*, 9.

27 *Ibid.*, 8.

28 *Ibid., 10.*

una igual fidelidad al tesoro común de la tradición, que se remonta a los Apóstoles, las Iglesias hoy. se esfuerzan por esclarecer los motivos de sus divergencias y las razones para superarlas.

III. LEGITIMIDAD DEL CULTO A LAS IMÁGENES

8. La dura «controversia de las imagenes», que desgarró el Imperio Bizantino bajo los emperadores Isáuricos León III y Constantino V entre el 730 y el 780 y de nuevo bajo León V, desde el 814 al 843, se explica principalmente por el debate teológico, que fue ya desde el principio el punto central.

Sin ignorar el peligro de un resurgir, siempre posible, de las prácticas idolátricas del paganismo, la Iglesia admitía que el Señor, la Bienaventurada Virgen María, los mártires y los santos fuesen representados bajo formas pictóricas o plásticas para sostener la oración y la devoción de los fieles. Era claro para todos, según la fórmula de san Basilio recordada por el II Concilio de Nicea, que «el honor tributado a la imagen va dirigido a quien representa». [29] En Occidente, el Papa san Gregorio Magno había insistido sobre el carácter didáctico de las pinturas en las iglesias, útiles para que los iletrados, «mirándolas, puedan leer al menos en las paredes lo que no son capaces de leer en los libros», y subrayaba que esta contemplación debía llevar a la adoración de la «única, omnipotente Santa Trinidad». [30] Es en este contexto en el que se desarrolló, especialmente en Roma en el siglo VIII, el culto a las imágenes de los santos, dando lugar a una admirable producción artística.

El movimiento de los iconoclastas, rompiendo con la tradición auténtica de la Iglesia, consideraba la veneración de las imágenes como un retorno a la idolatría. Con ambigüedad y contradicción pro-

---

29 *Sobre el Espíritu Santo*, XVIII 45, 19, en: *SCh* 17bis, p. 406; Niceno II, Horos, en: Mansi XIII, 377E.

30 Cartas de San Gregorio Magno al Obispo Sereno de Marsella, en: *MGH, Gregorii I Papae Registrum, Epistolarum*, II, 1, lib. IX, 208, p. 195 y II, 2, lib. XI, 10, pp. 270-271; o en: *CChL* 140A lib. IX, 209, p. 768 y lib. XI, 10, pp. 874-875.

hibía la representación de Cristo y las imágenes religiosas en general, pero continuaba admitiendo las imágenes profanas, sobre todo las del emperador, con los signos de reverencia que a ellas iban unidos. El fundamento de la argumentación de los iconoclastas era de índole cristológica. ¿Cómo pintar a Cristo que une en su persona, sin confundirlas ni separarlas, la naturaleza divina y la naturaleza humana? Representar su divinidad sería imposible; representarlo solamente en su humanidad sería dividirlo, separando en Él la divinidad de la humanidad. Elegir uno u otro de estos caminos conduciría a las dos herejías cristológicas opuestas: el monofisismo y el nestorianismo. Porque, pretendiendo representar a Cristo en su divinidad, se vería obligado a ocultar su humanidad; y no mostrando más que un retrato de hombre, se ocultaría que Él es también Dios.

9. El dilema, planteado por los iconoclastas, iba mucho más allá de la cuestión de la posibilidad de un arte cristiano, ponía en tela de juicio toda la visión cristiana de la realidad de la Encarnación, de las relaciones entre Dios y el mundo, la gracia y la naturaleza, en una palabra, la especificidad de la «nueva alianza», que Dios pactó con los hombres en Jesucristo. Los defensores de las imágenes lo han visto muy claramente; según una expresión del Patriarca de Constantinopla san Germán, ilustre víctima de la herejía iconoclasta, era toda «la economía divina según la carne» [31] la que se cuestionaba. Porque ver representado el rostro humano del Hijo de Dios, «imagen del Dios invisible» (Col 1,15), es ver al Verbo hecho carne (cfr. Jn 1,14), al cordero de Dios que quita los pecados del mundo (cfr. Jn 1,29). El arte puede representar pues la forma, la efigie del rostro humano de Dios y llevar al que lo contempla al inefable misterio de este Dios hecho hombre por nuestra salvación. Así el Papa Adriano pudo escribir: «Por medio de un rostro visible nuestro espíritu será transportado por atracción espiritual hacia la majestad invisible de la divinidad a través de la contemplación de la imagen, en la que está representada la carne que el Hijo de Dios se ha dignado tomar para nuestra salvación. De esta manera adoramos y alabamos, glorificándolo en espíritu, a este mismo Redentor, puesto que, como está escrito, "Dios es espíritu" y por esto

31 Cf. Teófanes, *Chronografia ad annum,* 6221, ed. C. de Boor, I, Leipzig, 1883, p. 404; o PG 108, 821 C.

adoramos espiritualmente su divinidad».[32]

El II Concilio de Nicea, por tanto, reafirmó solemnemente la distinción tradicional entre «la verdadera adoración (latreia), que, según nuestra fe, conviene solamente a la naturaleza divina» y «la adoración de honor» *(tímetíké proskynesis)* atribuida a las imágenes, pues «quien se prosterna ante una imagen se prosterna ante la persona (hipóstasis) de quien está representado en ella».[33]

La iconografía de Cristo implica, pues, toda la fe en la realidad de la Encarnación y su inagotable significación para la Iglesia y para el mundo. Si la Iglesia la practica, es porque está convencida de que el Dios revelado en Jesucristo ha rescatado y santificado la carne y todo el mundo sensible, es decir, el hombre con sus cinco sentidos, para permitirle «ser renovado sin cesar según la imagen de su Creador» (Col 3,10).

IV. EL ARTE CRISTIANO AUTÉNTICO

10. El Concilio Niceno II sancionó la tradición según la cual «las imágenes venerables y santas, hechas de colores, de mosaicos y de toda materia idónea, pueden ser expuestas en las santas iglesias de Dios, en los vasos y ornamentos sagrados, en las paredes y en las mesas, en las casas y en las calles; y así, tanto la imagen de Nuestro Salvador Jesucristo, como la de Nuestra Señora Inmaculada, la Santa *Theotokos,* como la de los honorables ángeles, y de todos los hombres santos y piadosos».[34] La doctrina de este Concilio alimentó el arte de la Iglesia tanto en Oriente como en Occidente, inspirándole obras de una belleza y de una profundidad sublimes.

Especialmente, la Iglesia Griega y las Iglesias Eslavas, apoyándose en las obras de grandes teólogos, partidarios de las imágenes, como san Nicéforo de Constantinopla y san Teodoro Estudita, han considerado la veneración del icono como parte integrante de la liturgia, de la misma manera que la celebración de la Palabra. Así como la lec-

---

32 Carta de Adriano I a los Emperadores, en: Mansi XI, 1062AB.

33 Horos, en: Mansi XIII, 377E.

34 *Ibid.*, 377D.

tura de los libros materiales permite la comprensión de la Palabra viva del Señor, del mismo modo la ostensión del icono permite a los que lo contemplan acceder, a través de la vista, a los misterios de la salvación. «Lo que, por un, lado, queda expresado por la tinta y el papel, por el otro es expresado, en el icono, a través de los colores y de otros materiales». [35]

La Iglesia Romana, en Occidente, se ha distinguido siempre, sin interrupción, por su acción en favor de las imágenes, [36] sobre todo en un momento crítico en el que, entre el 825 y el 843, los imperios Bizantino y Franco eran ambos hostiles al II Concilio de Nicea. En el Concilio de Trento la Iglesia católica reafirmó la doctrina tradicional, saliendo al paso de una nueva forma de iconoclasia que se manifestaba entonces. Más recientemente, el Concilio Vaticano II ha recordado con sobriedad la actitud permanente de la Iglesia a propósito de las imágenes [37] y del arte sacro en general. [38]

11. Desde hace algunos decenios se observa un renovado interés por la teología y la espiritualidad de los iconos orientales, señal de una creciente necesidad del lenguaje espiritual del arte auténticamente cristiano. A este propósito invito a mis hermanos en el Episcopado a «mantener firmemente la práctica de proponer en las Iglesias las imágenes sagradas a la veneración de los fíeles» [39] y a esforzarse para que cada vez surjan más obras de calidad verdaderamente eclesial. El creyente de hoy como el de ayer debe ser ayudado en la oración y en la vida espiritual con la visión de obras que intentan expresar el misterio sin ocultar nada. Ésta es la razón por la que, hoy como en el pasado, la fe es el necesario estímulo del arte eclesial. El arte por el arte que hace referencia sólo a su autor, sin establecer una relación con lo divino, no tiene cabida en la concepción cristiana. Cualquiera que sea el estilo que

---

35 Teodoro Estudita, *Antirrheticus*, I, 10, en: PG 99, 339D.

36 Cf. Carta de Adriano I a Carlomagno, en: *MGH, Epistulae V* (*Epistulae Karolini Aevi,* t. III), pp. 5-57; o PL 98, 1248-1292.

37 Cf. Constituciones *Sacrosanctum Concilium*, 111, 1; 125; 128; *Lumen gentium,* 51; 67; *Gaudium et spes,* 62, 4-5; y también *Codex Iuris Canonici,* can. 1255 y 1276.

38 *Sacrosanctum Concilium*, 122-124.

39 *Ibid.*, 125.

adopte, todo arte sacro debe expresar la fe y la esperanza de la Iglesia. La tradición de la imagen sagrada indica que el artista debe tener conciencia de cumplir una misión al servicio de la Iglesia.

El auténtico arte cristiano es aquel que, a través de la percepción sensible, permite intuir que el Señor está presente en su Iglesia, que los acontecimientos de la historia de la salvación dan sentido y orientación a nuestra vida, que la gloria que se nos ha prometido transforma ya nuestra existencia. El arte sacro debe tender a darnos una síntesis visual de todas las dimensiones de nuestra fe. El arte de la Iglesia debe procurar hablar la «lengua» de la Encarnación y, expresar, con los elementos de la materia, a Aquel que "se ha dignado habitar en la materia y llevar a cabo nuestra salvación a través de la materia», según la bella fórmula de san Juan Damasceno. [40]

El redescubrimiento de la imagen cristiana ayudará también a tomar conciencia de la urgencia de reaccionar contra los efectos despersonalizadores y, a veces, degradantes de aquellas múltiples imágenes que, a través de la publicidad y de los medios de comunicación social, condicionan nuestra vida. La imagen cristiana pone sobre nosotros la mirada del Autor invisible y nos da acceso a la realidad del mundo espiritual y escatológico.

Amadísimos hermanos,

12. Al recordar la actualidad de la enseñanza del VII Concilio Ecuménico, me parece que estamos llamados de nuevo a reemprender nuestra tarea primordial de evangelización. La creciente secularización de la sociedad demuestra que ella se está manifestando ampliamente ajena a los valores espirituales, al misterio de nuestra salvación en Jesucristo, a la realidad del mundo venidero. Nuestra más auténtica tradición, que compartimos plenamente con nuestros hermanos ortodoxos, nos enseña que el lenguaje de la belleza, puesto al servicio de la fe, es capaz de tocar el corazón de los hombres y hacerles conocer desde dentro, a Aquel que nosotros nos atrevemos a representar en imágenes, Jesucristo, Hijo de Dios hecho hombre, «el mismo, ayer y

---

40 *Discurso sobre las imágenes*, I, 16, en: PG 94, 1246A; o ed. KOTTER, I, 16, p. 89.

hoy, y por todos los siglos (Hb 13,8).

A todos y a cada uno imparto con sumo afecto la Bendición Apostólica.

Dado en Roma, junto a San Pedro, el 4 de diciembre de 1987, día de la memoria de san Juan Damasceno, sacerdote y Doctor de la Iglesia, en el décimo año de mi pontificado.

JUAN PABLO II

EL II CONCILIO DE NICEA Y EL ICONO

ADALBERT M. FRANQUESA

Un franciscano polaco acaba de publicar en *Ephemerides Mariologicae*, un curioso artículo preguntándose si la teología del icono que se enseña en la Iglesia católica de Polonia es una teología católica u ortodoxa.[1] Allí explica cómo una imagen, copia de la Virgen de Czestochowa, que a partir de 1957 ha ido peregrinando por toda Polonia, ha sido recibida y venerada, en todas partes, como si se tratara de una verdadera presencia espiritual de la madre de Dios y no como de una simple imagen. En los escritos y sermones del episcopado polaco al recibir o despedir esta imagen, incluso y quizá particularmente en los del entonces Arzobispo de Cracovia, el Cardenal Wojtyla, se habla de un modo insistente de la presencia de la Virgen en su icono.[2] El P.

1 S. C. Napiorkowski, "La théologie de l'icône enseignée par l'Église Catholique en Pologne est-elle catholique ou Orthodoxe?", *Ephemerides Mariologicae*, Vol. XXIV, 1984, p. 41-51.

2 Juan Pablo II, en el acto de consagración a la Virgen, el 25 de marzo, se dirigió a la imagen de la Virgen de Fátima como si la Virgen estuviera allí realmente presente. "Creemos que tú estás con nosotros en esta imagen", reza una antífona de la Virgen de Vladimir. Si la Virgen puede hacerse presente a la fe y a la piedad bajo cualquier imagen, parece que es más apto para suscitar su presencia un icono como el de Czestochowa, que una imagen estilo Fátima o Lourdes. "No deja de ser sintomático, dice Evdokimov, para la comprensión iconográfica del misterio, que cuando presentaron a Bernadette un álbum para que eligiera la imagen que más se asemejaba a su visión, sin el menor titubeo eligió un icono del siglo XII (Paul Evdokimov, *L'art de l'Icône. Théologie de la beauté.* Bruges, 1972, p. 155).

Napiorkowski ve en este hecho como un redescubrimiento de un patrimonio común con la Ortodoxia, que el Occidente no ha logrado nunca asimilar suficientemente, pero que el "sensus fidei" del pueblo cristiano vuelve a escontrar espontáneamente.

Que el redescubrimiento del icono puede tener una significación ecuménica son muchos los que lo piensan.[3] Pero ello sólo será posible a condición de captar el sentido profundo del icono. De lo contrario, antes podría representar más bien un obstáculo que un acercamiento con nuestros hermanos ortodoxos. En efecto, adoptar formas y ritos orientales externos, sin el sentido y sin el espíritu que los informa, no pasa de ser una moda e incluso puede llegar a ser considerado como una falta de respeto y de seriedad, e incluso como algo ofensivo para nuestros hermanos ortodoxos. Así se explica, por ejemplo, la reticencia –por no decir la animosidad– que sienten contra los griegos-católicos, que ellos llaman no sin un deje de despecho "uniatas", algunos de los cuales siguen el rito bizantino pero a veces interpretado y adaptado a la mentalidad latina y occidental. De ahí puede deducirse fácilmente la poca simpatía, o quizá mejor dicho la suspicacia, que sienten hacia la codificación de un Derecho canónico oriental efectuado en Roma.

Que un peligro semejante acecha a la actual proliferación de iconos en Occidente es obvio. Hoy encontramos iconos en Iglesias, salas de reuniones, oficinas o habitaciones particulares, considerados con frecuencia como objetos artísticos, exóticos o, en el mejor de los casos, como bellas imágenes. Es decir, son utilizados más bien por un sentido estético o devocional que por su sentido litúrgico y mistérico.

Un largo proceso de desacralización y secularización en el Occidente –que en el arte empieza con el Renacimiento– ha hecho que el arte se haya independizado de lo sagrado y de la liturgia. La liturgia no sólo no ha influenciado el arte, sino que el arte profano ha penetrado en el santuario.[4] Y así hay quien llega a negar que exista un arte cristiano o una música sagrada.

---

3 En el artículo sobre el icono de la *Encyclopaedia Universalis*, se afirma que el arte del icono no es un arte pasado de moda, como lo demuestran muchas obras modernas, sino que incluso podría jugar un papel en el destino actual del arte en Occidente. Cf. también C. Napiorkowski, *art. cit.*, p. 50.

4 La Constitución sobre la Sagrada Liturgia del Vaticano II exhorta a los obispos a promover y favorecer "un arte auténticamente sacro" (n. 124) y el culto de

Con estos conceptos no sólo es imposible comprender el icono, ni siquiera nada de la mentalidad oriental.

Para llegar a la plena comprensión del icono, que es lo que ahora nos interesa, hemos de recurrir necesariamente a la lucha iconoclasta y a las decisiones del segundo Concilio de Nicea. La larga y cruenta lucha contra las imágenes que durante casi dos siglos se abatió sobre Oriente, causando numerosos mártires, hizo que el culto de las imágenes fuera objeto de una profunda reflexión teológica y de una ferviente devoción litúrgica, desconocidas en Occidente.

De hecho, para comprender la teología del icono es indispensable recurrir al séptimo Concilio ecuménico, cuya trascendencia no ha sido nunca captada suficientemente en Occidente, quizá por la razón que el iconoclasmo no representó aquí ningún peligro para la fe. [5]

LAS IMÁGENES DURANTE LOS PRIMEROS SIGLOS

Por otra parte, para valorar debidamente las decisiones conciliares de Nicea, concilio celebrado a finales del siglo VIII, es asimismo indispensable echar una rápida mirada sobre el culto de las imágenes en el cristianismo durante los primeros siglos.

Un principio constante parece deducirse de esta historia y es que el cristianismo nunca ha considerado la imagen y el arte en general como un fin en sí mismo. Siempre ha intentado manifestar lo trascendente, empezando por los símbolos y figuras de las catacumbas.

Es más, hubo una tendencia persistente, en los primeros siglos, contra toda representación artística. El arte antiguo era demasiado tributario de la idolatría pagana hacia la cual los primeros cristianos

---

las imágenes: "manténgase firmemente la práctica de exponer imágenes sagradas a la veneración de los fieles" (n. 125). No obstante, en el n. 123 afirma que "la Iglesia nunca consideró como propio ningún estilo artístico". Por lo tanto, comenta P. Jounel en *La Maison-Dieu* (77, 1964, p, 214): "No existe ni estilo religioso, ni estilo ecclesiástico." ¡Estamos muy lejos de Nicea II!

5 En Occidente el iconoclasmo no aparece hasta el Protestantismo: "Iconoclasmo justificado y relativizado, dice O. Clément, porque no rechaza el verdadero arte sagrado, sino la degeneración del arte medieval de Occidente" (Cf. L, Ouspensky, *Théologie de l'Icône dans l'Église orthodoxe*, París, 1982, p. 466).

sentían un instintivo horror. La *Tradición Apostólica*, la *Didascalia Siríaca* y las *Constituciones egipcias,* prohiben al fabricante de ídolos entrar en el cristianismo si no abandona su oficio. Los apologistas Justino y Arístides llegan a la conclusión de que el Dios de los cristianos no es representable. Lo mismo viene a decir Tertuliano fundándose en la interdicción de la ley de Moisés. La imagen de Dios es el hombre, dice Minucio Félix.[6]

Los alejandrinos Clemente y Orígenes y su discípulo Eusebio están decididamente contra las imágenes. En cambio, los Padres capadocianos Basilio, Gregorio Nacianceno y Gregorio de Nisa aprecian el valor educativo de la imagen. San Juan Damasceno, y el concilio de Nicea los citan frecuentemente. La frase de san Basilio: "El honor tributado a la imagen redunda al prototipo", como la frase de san Atanasio: "Quien honra la imagen, honra al emperador", serán aducidas incesantemente por los iconófilos.

El concilio de Elvira, de principios del siglo III, ordena en su canon 36: "Picturas in ecclesia esse no debere, ne quod colitur et adoratur in parietibus depingatur." Minucio Félix, Lactancio y Arnobio, si llegan a tolerar las imágenes, es por su valor pedagógico.

No obstante todas estas interdicciones, las imágenes aparecen ya a fines del siglo II y principios del III en las catacumbas, en los baptisterios y en los sarcófagos e incluso empiezan a aparecer estatuas. Aunque continúa existiendo entre los santos Padres disparidad de criterio acerca de las imágenes –el mismo san Agustín se muestra un poco reticente– a partir del siglo IV, sobre todo en Roma y luego en Ravena, su veneración llega a ser tan general que acaba imponiéndose en todas partes, no sin algunas voces en contra.

La tradición de la imagen "no hecha por manos de hombre" que aparece a fines del siglo IV, contribuyó de una manera decisiva a la propagación y al culto del icono de Cristo. Se trata de la conocida "historia" de las relaciones epistolares entre Cristo y el rey Abgar de Edesa, de la cual habla Eusebio. ¿Ha podido jugar algún papel en el origen de esta leyenda y de la imagen de Cristo "no hecha por

---

6 A fin de no sobrecargar de notas este artículo, remitimos al libro de Gervais Dumeige, *Nicée II,* París, 1978, del cual hemos resumido la historia del Concilio, guiados también por la confrontación de los documentos originales.

manos de hombre" el sudario de Turín? Si la autenticidad de este sudario se confirma, como parecen probarlo las recientes investigaciones, los iconos "Acheiropoietos" podrían gozar de un fundamento mucho menos legendario.[7] En todo caso la tradición oriental ha continuado representando a Cristo siguiendo los trazos del canon invariable de la figura "no hecha por manos de hombre".

No podemos proseguir la historia del culto a las imágenes. Para nuestro intento bastará recordar que Gregorio Magno defiende la veneración de las imágenes en contra de Sereno de Marsella, que había sacado de su Iglesia todas las imágenes, bajo el pretexto de que no debían ser adoradas. El Papa dice que le alaba por afirmar que no deben ser adoradas las imágenes, pero lo vitupera por haberlas destruido, pues pueden ayudar a adorar lo que representan. En la primera mitad del siglo VIII Gregorio II defiende las imágenes contra los argumentos de inspiración judía. Con todo, hay que afirmar que la controversia de las imágenes no parece haber conmovido demasiado ni a Roma ni a Occidente, pues, en general se ha tenido de las imágenes una concepción más bien pedagógica que teológica.

Con todo, a finales del siglo VII las imágenes forman parte del patrimonio cristiano en Oriente y en Occidente. Aprobado en Oriente por el concilio de Trullo (692), la Iglesia reconoce oficialmente su culto, aunque todavía no ha llegado a fundamentarlo doctrinalmente.

Fue debido a las tendencias iconoclastas, primero de ciertos obispos, sobre todo de la Frigia, y luego a la cruenta persecución de los emperadores León III y Constantino V, el Isáurico, cuando se sintió la urgencia de investigar los argumenos teológicos de un culto ya ampliamente difundido.

El Patriarca Germano de Constantinopla, en las cartas que dirige a los obispos recalcitrantes, ya expone los argumentos teológicos del

---

7 En el libro de PAUL VIGNON, *Le Saint Suaire de Turin devant la Science, l'Archeologie, l'Histoire, l'Iconographie, la Logique* (Turín, 1978), se insinúa con argumentos históricos la posible dependencia de las imágenes "no hechas por manos de hombre", de un contacto con el Sudario de Turín (cf., sobre todo, p. 55 ss.). El n. 372, febrero 1983, de *Fêtes et Saisons,* dedicado a "Le linceul de Turin", habla del Sudario como de "un modèle pour les artistes" (p. 15). Sobre la autenticidad del Sudario véase: MARIA GRAZIA SILIATO, *Indagine su un antico delitto....* donde se reproducen los cuadros de la exposición del Oratorio del Caravita de Roma en 1983.

culto a las imágenes que san Juan Damasceno desarrollará ampliamente en sus tres célebres *Discursos apologéticos contra los que rechazan las santas imágenes.* San Juan Damasceno expone con claridad lo que es y lo que no es la imagen: su semejanza y su diferencia con el prototipo; la diferencia entre adoración y veneración, etc. Sobre todo, insiste en el valor de la tradición. Las tradiciones escritas y las tradiciones y costumbres no escritas tienen para él, como para los Padres orientales en general, el mismo valor. El concilio Niceno II se servirá abundantemente de los argumentos del Damasceno.

En toda la lucha iconoclasta, Roma apoyó siempre a los defensores del culto de las imágenes. Gregorio II felicita al Patriarca Germano de Constantinopla, al que llama "hermano y campeón de la Iglesia", por su defensa de las imágenes contra los iconoclastas. Gregorio funda el culto de las imágenes expresamente en el misterio de la Encarnación: "Si el Señor no se ha encarnado, no se represente su imagen según la carne. Pero puesto que se ha encarnado es justo representar la forma humana que nos recuerda su abajamiento y nos conduce como de la mano al misterio de la redención." Gregorio escribe al emperador oponiéndose decididamente a su política iconoclasta. Gregorio III, en el 731, convoca un Sínodo en Roma en el cual se fulmina la excomunión contra "todos aquellos que se opusieran a la veneración de las santas imágenes, blasfemaren contra ellas, las destruyeran o las profanaren". [8]

En el fondo, Oriente y Occidente han llegado a participar en una misma fe acerca del culto de las imágenes. Pero, antes de poderla precisar y proclamar en un Concilio, han de pasar por la durísima persecución del emperador Constantino, el cual, para imponer su política iconoclasta, convocó en el 754 un Concilio en Hieria, donde logró reunir a unos trescientos treinta y ocho obispos, muchos de ellos forzados con amenazas. Sin embargo, ni el Papa ni los Patriarcas estuvieron representados en este pseudo-concilio. A este concilio siguió una de las más terribles persecuciones conocidas contra los iconófilos, especialmente contra los monjes, que no cesó hasta la muerte del emperador en 775. Ningún género de tormento fue ahorrado contra los que veneraban las imágenes: prisiones, deportaciones, hambre, amputación de miem-

8 E. Senler, *L'Icône, Image de l'Invisible. Éléments de théologie esthétique et technique,* París, 1981, p. 28.

bros y toda clase de muertes. Además, muchas iglesias y monasterios fueron expoliados y destruidos.

Sucedió a Constantino su hijo León IV, con el cual, en los cinco años que reinó, los iconófilos pudieron respirar. A su muerte en el 780 su hijo Constantino VI tenía sólo diez años de edad, de suerte que su madre Irene, griega y defensora de las imágenes, asumió la regencia. Dejando a un lado la historia y las vicisitudes de esta regencia vamos a concretarnos en cuanto se refiere al Concilio.

EL CONCILIO SEGUNDO DE NICEA

El 29 de agosto del 784, Irene y Constantino escriben al Papa Adriano "como al primero de los pontífices y al que preside en el lugar y en la sede del santo y venerable Pedro" para comunicarle que habían decidido convocar un Concilio ecuménico y le rogaban se dignara acudir «para confirmar las antiguas tradiciones acerca de las venerables imágenes".

Debíase celebrar el Concilio en el 786 en Constantinopla, pero a causa de los disturbios provocados por los iconómacos, tuvo que celebrarse el año siguiente en la iglesia de santa Sofía de Nicea.

El 4 de septiembre del 787 se inauguró el Concilio. Estaban presentes los dos delegados del Papa Adriano, Pedro, Arcipreste de San Pedro, y Pedro, Higumeno del monasterio de San Sabas de Roma, el Patriarca Tarasio de Constantinopla, los monjes Juan y Tomás, representantes de las sedes orientales y unos doscientos cincuenta obispos, que en otras sesiones llegaron al número de trescientos sesenta y siete.

La primera sesión, el 4 de septiembre, fue dedicada a la reconciliación de algunos obispos iconómacos que habían participado en el pseudo-concilio de Hieria. En la segunda sesión, el 26 de septiembre, fue leída la larga carta del Papa Adriano a los emperadores, en la cual, después de dar gracias a Dios y alabar el celo de los emperadores para restablecer el culto de las santas imágenes contra los herejes, justifica el culto de las imágenes con argumentos de la Sagrada Escritura y de los Padres orientales y occidentales. Recuerda las palabras de san Basilio y de san Juan Crisóstomo: "Insultar la imagen del emperador es insultar al emperador", y las aplica a las imágenes de Cristo, de la Virgen y de los Santos.

Tarasio es aceptado como legítimo Patriarca por el Papa, no obstante ciertas irregularidades en su elección. Puesto que confiesa la fe ortodoxa en el culto de las imágenes y condena el pseudo-concilio de Hieria. Tarasio, por su parte, responde a los legados romanos aceptando la carta del Papa y haciendo un elogio de la fe de la Iglesia romana, que ha conservado la antigua tradición de la Iglesia católica. Así como en Calcedonia los Padres habían aceptado la formulación doctrinal de León Magno, Nicea II aceptaba la de Adriano, obispo de la antigua Roma: "Praesul senioris Romae."

La tercera sesión, celebrada el 28 de septiembre, se ocupó de la reconciliación de los obispos que habían cedido a la herejía o participado en el pseudo-concilio de Hieria. Luego se leyeron las cartas enviadas a Oriente y la respuesta a las mismas enviadas por los monjes en nombre de los Patriarcas Orientales. En la segunda sesión se habían leído las cartas del Papa. De este modo quedaba patente la perfecta unión de toda la Iglesia, de suerte que el Patriarca Tarasio podía terminar con estas palabras: "La disputa ha cesado y el muro de enemistad ha sido derribado. Oriente y Occidente, Norte y Mediodía estamos bajo un mismo yugo y formamos una misma sinfonía." Todo el Concilio dio gracias a Dios, aclamando a los emperadores ortodoxos, al nuevo Constantino y a la nueva Helena. En efecto, la unidad interna del Concilio quedaba consolidada: el Papa Adriano, el Patriarca Tarasio, los Patriarcados orientales, Constantinopla y Roma habían llegado a un perfecto acuerdo. Ahora era posible pasar al examen doctrinal sobre las imágenes, al cual se consagró la cuarta sesión del Concilio.

LA CUARTA SESIÓN DE NICEA II

Esta sesión, que empezó el 1 de octubre, fue sin duda la más fundamental del Concilio. Comenzó con el examen de textos de la Sagrada Escritura del Antiguo Testamento que hablan del Arca de la alianza y de los querubines (Ex 25,22; Nm 7,89; Ez 41,18-20). Si en el Antiguo Testamento fueron prohibidas las imágenes es debido al peligro de idolatría al que estaba tan inclinado el pueblo de Israel. Sin embargo, el Patriarca Tarasio hace notar que los santos que merecieron ver a los ángeles los vieron bajo forma humana; por lo tanto, es legítima su representación antropomórfica.

Luego se pasó al estudio de la tradición. Se leyeron largos pasajes de santos Padres y autores eclesiásticos, así como historias y descripciones de milagros operados a través del culto de imágenes, y ejemplos de tradiciones escritas y no escritas. El conjunto forma un "dossier" imponente. El P. Congar ha podido afirmar que el concilio de Nicea "nos ha dado una de las más sólidas afirmaciones del magisterio acerca de la tradición y de su principio interno que es el Espíritu Santo que habita en la Iglesia".[9] Fundado en los testimonios de la Sagrada Escritura, de los santos Padres, de los seis concilios anteriores y de toda la tradición escrita y no escrita, el Concilio puede concluir afirmando que la pintura o representación es un arte piadoso que en manera alguna contradice a la Escritura sino que la corrobora: "pictores sunt assertores eorum quae scripta sunt".

Al mismo tiempo, el Concilio afirma que la imagen es un signo, una realidad, y que, al igual que la palabra, tiene por fin significar otra realidad. Tiene por lo tanto una semejanza con el prototipo. "No adoramos la materia sino al Dios invisible." Para evitar cualquier ambigüedad, el Concilio precisa claramente el alcance de las palabras "proskynein" y "latreuein": entre venerar y adorar. Venerar es tributar honor. Servir es reconocerse creatura de Dios... Los cristianos adoran a un solo Dios, no a los ídolos, el pueblo de Cristo sólo adora a Dios. El homenaje tributado a los santos es diferente: es un honor inspirado por el amor. Ellos son un ejemplo, una regla de vida, que nos estimula a glorificar a Dios y nos orienta a pasar a otra realidad trascendente.

Fue leída la carta de Gregorio II al Patriarca Germanos y con este motivo dijo el Patriarca Tarasio: "Este bienaventurado Padre, emulando al apóstol Pedro, ha proclamado la verdad desde Rorna."

Finalmente, el Concilio lanza una serie de anatemas contra los que rechazan las santas imágenes o que acusan de idolatría a los que las veneran y proclama el decreto dogmático en el cual, después de profesar la fe de Nicea-Constantinopla y refutando los errores condenados por los seis primeros concilios, los Padres declaran seguir todas las tradiciones de la Iglesia, escritas o no escritas, entre las cuales se encuentran las imágenes pintadas que concuerdan con la predicación

---

9 Y. Congar, *La Tradition et les traditions*, I, París, 1960, p. 68-69.

de la historia evangélica al afirmar la encarnación en verdad y no en imaginación –hablan de la "humanationis imaginem" (según la traducción latina) de Jesucristo– según la doctrina de los Padres y la tradición de la Iglesia, que es la del Espíritu Santo. El decreto declara que se pueden representar las santas imágenes de Cristo, de la Virgen, de los ángeles y de los santos, en las Iglesias, vasos sagrados, en las casas, calles, etc. Contemplándolas, los fieles se sentirán inducidos a recordar su memoria y a tributarles una adoración de honor *(proskynésis timetiké)*, pero no de latría (latreia), debida solamente a la divinidad. Las imágenes, por lo tanto, pueden ser honradas con luces e incienso, pues el honor que a ellas se tributa sube al prototipo.

Los primeros en firmar las actas son los delegados de la Sede Romana. Luego sigue el Patriarca Tarasio. A continuación, los representantes de los Patriarcas de Alejandría, Antioquía y Jerusalén, los Obispos o sus representantes, los superiores de monasterios. En esta cuarta sesión, la doctrina sobre las imágenes, unánimemente admitida, quedó fijada en sus elementos esenciales. Las sesiones doctrinales siguientes la desarrollaron y la acabaron de precisar.

LAS CUATRO SESIONES ÚLTIMAS DE NICEA II

La sesión quinta fue dedicada a la refutación de los iconoclastas considerados como verdaderos herejes.[10] Asimismo, se estableció la crítica del pseudo-concilio de Hieria convocado por Constantino V. Al final de la sesión el legado romano Pedro, arcipreste de San Pedro, propuso colocar una imagen en medio de la asamblea a fin de que todos la venerasen. A lo que toda la asamblea asintió con entusiasmo. De este modo, el Concilio que había proclamado la tradición de la Iglesia, unió el gesto a la palabra colocando la imagen junto al Evangelio. Icono y palabra en un mismo nivel. El delegado de los Patriarcas de Oriente, Juan, glorificó Nicea que, habiendo proclamado una primera vez la fe en Cristo, ahora, en una segunda vez, manifestaba a Cristo en los símbolos de su economía.

En la condenación del concilio de Hieria, que ocupa toda la sesión

---

10 Cf. L. OUSPENSKY, *op. cit.*, p. 85 y 482.

sexta (6 de octubre), la doctrina va precisándose. Los Padres se preguntan si han existido las imágenes en la Iglesia después del tiempo de los Evangelios. Y responden que en la Iglesia hay una tradición que une la audición del Evangelio y la visión de la imagen y que la tradición visual acompaña la tradición auditiva. Las imágenes, prosiguen, han empezado después de la predicación del Evangelio, ayudan a comprenderlo mejor y orientan hacia Aquel a quien se venera llevando a tributar homenaje al arquetipo. Sobre la imagen de Cristo afirman, en concreto, que esta imagen es semejante a Cristo según el nombre, no según la sustancia. Imagen y prototipo son diferentes, pero no como dos sustancias. La imagen comunica con su modelo, pero ella no es el modelo. Quien representa a Cristo en forma humana confiesa que el Dios Verbo se ha encarnado realmente y no en apariencia. Los herejes han interpretado mal la Escritura. Si es cierto que nadie jamás ha visto a Dios, y que Dios ha de ser adorado en espíritu y en verdad y que, por consiguiente, es imposible hacer una imagen de la naturaleza divina, es igualmente verdad que la economía, el plan divino de la Encarnación, permite hacer imágenes. "Puesto que el Dios Verbo ha sido hombre perfecto, nosotros hemos sentido su voz y hemos visto su figura, aun después de la resurrección."

Hieria afirmaba que la verdadera imagen de Cristo es la Eucaristía. Los Padres objetan, con razón, que Cristo no dijo "tomad la imagen de mi cuerpo y de mi sangre", sino "tomad mi cuerpo y mi sangre". Y este realismo eucarístico está de acuerdo con el realismo que considera el Verbo encarnado y que ve en la imagen a un mismo tiempo el representado y su representación.

Justificada la representación de la imagen de Cristo, la imagen de la Virgen y de los santos no presentan dificultad alguna. Es a Dios a quien redunda el culto que les tributamos.

Después de refutar la doctrina del pseudo-concilio de Hieria, la séptima sesión pudo dedicarse a presentar positivamente la doctrina del Concilio de Nicea y a proclamar el "Horos". En esta Constitución, después de anatematizar de nuevo los errores de los herejes y profesar la doctrina de los seis primeros Concilios, justifica la veneración de las imágenes, que hay que distinguir de la adoración que únicamente puede tributarse a Dios. Termina con cuatro anatemas que ya había formulado la sesión cuarta y en los que, en cierto modo, se halla resumida la doctrina del Concilio:

– Si uno no confiesa que Cristo nuestro Dios es circunscrito según la humanidad, que sea anatema.

– Si uno no admite las explicaciones evangélicas, expresadas por la imagen, sea anatema.

– Si uno no venera las imágenes del Señor y de los Santos, que sea anatema.

– Si uno rechaza la tradición eclesiástica, escrita o no escrita, que sea anatema,

Termina la sesión con las firmas de las actas, empezando también con las de los delegados romanos, siguen los anatemas contra los iconoclastas y las aclamaciones a los insignes defensores de las imágenes: Patriarca Germano, Juan Damasceno y Gregorio de Chipre.

Dos documentos siguen a las actas. El primero es una carta del Patriarca Tarasio a los emperadores, gracias a los cuales los Padres han podido predicar la verdad y recibir las imágenes de Cristo como en las descripciones evangélicas, las de su Madre, de los ángeles en forma humana y de los santos, cuyas representaciones son permitidas, pues ellas nos recuerdan sus combates. El segundo documento es una carta del mismo Patriarca al Papa Adriano en la cual le dice que ha sido leída la "irreprochable y ortodoxa confesión de fe enviada de Roma" y que sus delegados han sido recibidos con toda atención, pero subrayando que Cristo ha sido el jefe del Concilio.[11] Finalmente, el Concilio dirige un documento a los sacerdotes y clérigos de Constantinopla para comunicarles el feliz resultado del Concilio, que había logrado establecer la unidad entre todas las Iglesias de Oriente, Occidente, Septentrión y Mediodía. En este documento se subraya fuertemente el argumento

---

11 Durante la marcha del Concilio va apareciendo la diversa opinión del Primado entre Oriente y Occidente. Los delegados del Papa son tratados con toda deferencia. Ellos son los primeros en firmar las actas, pero su presencia no significa el reconocimiento de una autoridad doctrinal ni de una supremacía de jurisdicción. El texto griego de la carta del papa Adriano a los emperadores atenúa u omite las reiteradas afirmaciones sobre el primado. En esta época, la conciencia eclesiológica de Oriente y de Occidente es ya muy diferente. Mientras en Roma el primado del Papa es proclamado sobre toda la Iglesia, en Oriente no ha sido jamás definido. Es aceptado en una forma ambigua, pero invocado cuando es favorable a la tesis defendida (Cf. Dumeige, *op. cit.*, p. 107 y 193).

soteriológico: tachar de idolatría el culto de las imágenes es evacuar el misterio de nuestra redención que ha obrado el hijo de Dios con su presencia en asumir nuestra carne.

La octava y última sesión tuvo lugar el 23 de octubre en la ciudad de Constantinopla y en presencia de los emperadores. Dirigiéndose a la asamblea, éstos preguntaron si la definición había sido unánimemente aprobada. Los Padres respondieron: "Esto es lo quee creemos, esto es todo lo que todos sentimos y lo que todos hemos suscrito de común acuerdo. Ésta es la fe de los apóstoles, ésta es la fe de los Padres, ésta es la fe ortodoxa, ésta es la fe que sostiene firme el universo." Luego fueron leídos en presencia de los emperadores los textos principales. "Y cuando todo fue leído y escuchado atentamente por la asamblea, por los muy ilustres príncipes y por el pueblo amante de Cristo, todo el mundo se adhirió de corazón a la verdad."

Las actas del Concilio, después de esta última sesión, publican una serie de cánones, entre los cuales algunos se refieren a las medidas que deben ser tomadas para evitar el retorno al iconoclasmo.

INCOMPRENSIÓN EN OCCIDENTE Y NUEVAS PERSECUCIONES EN ORIENTE

Cuando la doctrina ortodoxa sobre el culto de las imágenes, unánimemente definida en un concilio por toda la pentarquía, parecía definitivamente establecida, surgen graves incomprensiones en Occidente –hasta ahora al margen de la lucha– y nuevas persecuciones en Oriente.

Carlomagno, dice Dumeige, colocando a un mismo nivel el poder de sus tropas y la capacidad teológica de sus clérigos y haciendo pagar a las imágenes sus sentimientos contra Bizancio, mal enterado de lo ocurrido a Nicea, se consideró árbitro en el debate griego entre Hieria y Nicea. Así el Concilio de Nicea fue duramente criticado en los "Libros Carolingios". ¡Nada encuentra gracia a sus ojos: ni la emperatriz Irene, ni el Patriarca Tarasio, ni sus obispos que no profesan el "filioque"! [12]

---

12 DUMEIGE, *op. cit.*, p. 154 y 155.

Basándose en una mala traducción latina de las actas del concilio Niceno, que no distinguía entre adoración y veneración, ni entre imagen y culto, los *Capitulare de imaginibus*, dejando de lado el argumento cristológico que está en el centro de la controversia, no concede a las imágenes otro valor que el puramente pedagógico, decorativo e instructivo.

Puesto que no se concede ningún valor al Concilio de Nicea, en 794 se decide convocar un Concilio en Francforte, en el cual, entre otros "errores" es condenado aquel Concilio del cual se afirma que ha establecido "adorar" las imágenes y que ha lanzado el anatema contra los que no tributen a las imágenes santos homenajes y adoraciones como a la divina Trinidad: "qui imagines sanctorum ita ut deificam trinitatem servitio aut adorationem non impenderent".

El Papa Adriano, en una carta a Carlomagno, defiende Nicea y llega a calificar de calumnias y como contrarias a la verdad ciertas expresiones del Concilio de Francforte. Explica el sentido de algunas expresiones griegas y afirma que los "errores" griegos podían ser interpretados de una manera ortodoxa.

Entretanto, en Oriente se suceden rápidamente los cambios políticos. A la emperatriz Irene, que había asumido todo el poder, le sucede en el 802 Nicéforo 1, que sigue una política moderada. Muerto por los bárbaros en el 811, le sucede su hijo Staurakios, cuya obligada dimisión hizo que aquel mismo año subiera al trono Miguel I Rangabé, el cual, dos años más tarde, fue depuesto y le sucedió León V, el cual encendió de nuevo la lucha iconoclasta.

Por otra parte, a la muerte del Patriarca Tarasio en el 806, el entonces emperador Nicéforo nombró Patriarca a un funcionario imperial, también Nicéforo de nombre, que resultó ser un fiel campeón de las imágenes.

Basta recordar para nuestro propósito que hasta el advenimiento de León V, de un modo general, los iconófilos vivieron en paz.

León V, que admiraba a sus antecesores León III y Constatino V y su política iconoclasta, intentó en un principio convencer al Patriarca Nicéforo. Pero Nicéforo no sólo se mantuvo firme, sino que en dos escritos defendió decididamente el culto de las imágenes. Incluso consiguió que León V se aviniera a venerar las imágenes el día de Navidad. Pero el día de la Epifanía del 815 se declaró resueltamente contra su culto y empezó a liquidar a todos los resistentes.

El Patriarca Nicéforo, anciano y enfermo, fue obligado a abdicar y en su lugar fue nombrado un funcionario imperial, Teodoto Melisssénos Cassitéras, del cual los cronistas dicen que "era más mudo que un pez". En el 815 fue convocado un Concilio para remediar los males causados a la Iglesia por "la simplicidad femenina de Irene" y "la falta de juicio de Tarasio". Este Concilio aprobó las decisiones de Hieria y la política de Constantino y León "en apoyo de la doctrina de los Padres".

De nuevo empezó una cruel persecución. Según Nicéforo, templos y altares fueron destruidos, imágenes quemadas, vasos sagrados profanados. Y los cristianos de nuevo perseguidos, mutilados, asesinados, deportados con sus bienes confiscados, etc. La élite del clero ha resistido, pero muchos han cedido. Los monjes son particularmente perseguidos y maltratados. Y su gran campeón, Teodoro Studita, es encarcelado. Muchos se refugian en los desiertos y un gran número emigra a la Italia meridional.

LA DEFENSA DE LAS IMÁGENES POR NICÉFORO Y TEODORO

Esta segunda persecución hizo ahondar y precisar todavía más en la doctrina promulgada por el Concilio de Nicea, sobre todo a base de los tratados del Patriarca Nicéforo y de Teodoro Estudita.

Nicéforo, del 811 al 828, primero como Patriarca y luego en el exilio, no cesó de defender y profundizar en el culto a las imágenes. Insistiendo como sus predecesores en la diferencia entre veneración y adoración, recogió una cantidad impresionante de testimonios patrísticos en favor del culto a las imágenes, refutando con toda clase de argumentos a los iconoclastas y a los concilios de Hieria y del 815. Las imágenes maltratadas, dice, han sufrido la misma suerte que Cristo. Frecuentemente los iconófilos hablan de la pasión de Cristo en su imagen.[13]

Las imágenes, para Nicéforo, no solamente son útiles, sino necesarias, porque la percepción obtenida por la vista es más penetrante,

---

13 Dumeige, *op. cit.*, pp. 96, 161 y 167. Un salterio del siglo XI representa un iconoclasta atravesando con una lanza la imagen de Cristo.

más rápida y más inmediata que la que se obtiene por el oído, ya que éste es más fugaz y más sujeto al olvido. Así es como existe una cierta ecuación entre el libro y la imagen. El libro de los Evangelios y las imágenes que lo adornan son puestos en un mismo plano. La Escritura puede ser traducida en letras pero también en imitación visible y gráfica, "pues las imágenes son una expresión de la filantropía divina que se ha manifestado en la *kenosis* de la Encarnación". [14] Puesto que Dios se ha hecho visible legitima su imagen. Las imágenes son parte integrante del Evangelio del cual aclaran las palabras haciéndolas más expresivas. Nicéforo, para precisar su concepción de la imagen, utiliza las categorías de Aristóteles. Así, dice, entre el arquetipo y la imagen hay una relación de causa a efecto, semejante a la que existe entre un padre y su hijo. Una imagen que no tuviera relación con nada, no sería una imagen. No obstante, la identidad de forma no es la identidad de sustancia. Son dos realidades diferentes, pero una en relación a la otra. Así, honrando a la imagen se honra al prototipo.

Teodoro Estudita no es menos taxativo que Nicéforo al condenar a los iconoclastas y sus Concilios. Y todavía utiliza más que Nicéforo el método escolástico. Su argumentación descansa sobre una base filosófica que le permite desarrollar la dogmática de las imágenes y justificar su culto. Hay una imagen natural que no difiere esencialmente de su prototipo, el ejemplo único es el Hijo, imagen del Padre en la Trinidad; y hay la imagen que produce el arte, que comporta una semejanza y una diferencia. La diferencia que separa la imagen del prototipo está en la naturaleza, no en la persona. La imagen es la semejanza de una persona, de su forma, de sus signos característicos. De suerte que al contemplarla se puede decir que "es ella". Así, contemplando la imagen de Cristo, se dice: "es Cristo", como al ver la imagen del rey se dice: "es el rey". Por el hecho de que Cristo es circunscrito como hombre, Teodoro deduce la necesidad de que sea representado por la imagen que permita entrar profundamente en la economía de salvación. Cristo se ha hecho hombre, se ha hecho visible, por lo tanto representable. No sería Cristo si no pudiera ser representado. No sería hombre si no pudiera ser pintado en su semblanza corporal.

---

14 *Antirrético*, II, 12; *Apologético*, 61; Dumeige, *op. cit.*, p. 167.

Teodoro puntualiza cuidadosamente que la adoración de la imagen de Cristo es una adoración relativa, no latréutica. Como Nicéforo, sostiene que la imagen es útil como la lectura que se escucha. Por tanto, imagen y libro merecen uno honor y una veneración iguales. Y aún puede decirse que el ojo es un testigo más fiel y más importante. El que escribe debe ver antes una imagen exacta. A la palabra profética –en los profetas– ha precedido la visión. Los apóstoles y discípulos de Cristo han visto a Cristo antes de escribir su Evangelio. Teodoro va todavía más lejos que Nicéforo. Naturalmente, las imágenes son para él necesarias para todos,[15] como lo exige la economía divina. Es preciso educar espiritualmente a la contemplación de la imagen. "El objeto que ausente sólo puede ser visto intelectualmente, ni intelectualmente podrá ser visto si no es visto sensiblemente en la imagen.[16] Pero esta doctrina, viene a decir Teodoro, sólo puede ser comprendida por la fe y la piedad. Un teólogo moderno, afirma Dumeige, diría de las imágenes: "son centros materiales en los que descansa una energía, una virtud divina que se une al arte humano" .[17]

ÚLTIMAS PERSECUCIONES

Si con Nicéforo y Teodoro la doctrina de las imágenes parece haber llegado a su plena madurez y precisión teológica, todavía no ha llegado la hora del triunfo definitivo de la Ortodoxia. León V continúa intrigando contra los defensores de las imágenes y pretende inducir al papa Pascual II a apoyar su política. El Papa no sólo se niega a recibir a la embajada que le manda el emperador, sino que le dirige una carta en la que funda el culto de las imágenes en el dogma de la encarnación: "Cuando vemos que por nosotros y como nosotros, el incorporal se ha hecho cuerpo... que el inmutable, simple e intangible ha sido palpado... cuando vemos que aquel que era en forma de Dios se ha convertido en forma de esclavo sujeto a la cantidad, al número, circunscrito en una forma corporal, he aquí porqué le representamos en imágenes." [18]

---

15 Por lo tanto, las imágenes son algo más que la "Biblia pauperum", expresión que designa la concepción occidental de la imagen.

16 *Antirrético,* III, IV, XII; P. G. 99, 436 A. Dumeige, *op. cit.*, p. 174.

17 Dumeige, *op. cit.*, p. 174.

18 Carta a León V, ed. Pitra XV-XVI, cf. Dumeige, *op. cit.*, p. 175-176.

El sucesor de León V, Miguel II, que en el fondo era partidario de los iconoclastas, en un principio dejó en cierta libertad a los iconófilos. Pero en el 824 mandó una embajada al emperador Ludovico Pío proponiéndole recurrir a Roma para buscar una solución al problema de las imágenes. Luis mandó, en efecto, una embajada a Roma. El papa Eugenio II respondió que la cuestión de las imágenes había quedado resuelta en Nicea y que, por lo tanto, se les podía tributar culto ya que además de su función educativa tenían un valor religioso. El Papa, no obstante, accedía a la demanda del emperador de reunir a los obispos francos para recoger su sentir sobre esta cuestión.

El primero de noviembre del 825, en efecto, se reunió la asamblea en París. Este Concilio franco, después de haber tributado la obligada alabanza a la santa Iglesia romana, juzga que ésta se ha excedido al exagerar el valor religioso de las imágenes. Y si por una parte, condena a los que destruyen las imágenes, por otra fustiga la supersticiosa adoración de las imágenes".[19] En resumen, vienen a decir los obispos francos: las imágenes son lícitas, pero ilícito su culto.

En Oriente, el hijo y sucesor de Miguel II, Teófilo, empezó de nuevo la lucha iconoclasta, haciendo desaparecer las imágenes de las iglesias y de las casas particulares y persiguiendo a los que se le oponían directamente. No obstante estas reacciones imperiales, por duras que fuesen, no eran más que los últimos estertores de un iconoclasmo moribundo. De hecho, la esposa de Teófilo, la emperatriz Teodora y sus hijas, disimulaban el culto que tributaban ocultamente a las imágenes. El iconoclasmo moría el 22 de febrero del 842 con el emperador Teófilo.

TRIUNFO DE LA ORTODOXIA

En efecto, la emperatriz Teodora y el Patriarca Metodio –que sucedió al depuesto Patriarca Juan, criatura de Teófilo– restablecían el culto a las imágenes en la asamblea sinodal del 843. Probablemente el Patriarca redactó el Synodikon de la Ortodoxia. El restablecimiento de

---

19 El Papa ha hecho bien al reprender a los destructores de las imágenes, pero "sic indiscrete noscitur fecisse in eo quo superstitiose eas adorare inussit". M. G. H. *Concilia aevi Carolingi* I, II, p. 481. ¡La misma confusión que ha marcado para siempre el concepto occidental de la imagen!

las imágenes se efectuó en una solemne liturgia. Después de una vigilia nocturna en la iglesia de Santa María de Blajernas, el 11 de marzo por la mañana se organizó una procesión hacia el gran templo de Santa Sofía, donde se celebraron los santos Misterios. A continuación tuvo lugar un banquete al cual la emperatriz Teodora invitó a todo el clero y a los defensores de las imágenes.

Una vez restablecidas las imágenes se procedió a la depuración del clero iconómaco: unos fueron reconciliados, otros condenados.

Finalmente, el 11 de marzo del 844, primer domingo de Cuaresma, aniversario del restablecimiento de las imágenes, fue instituida por los soberanos y el Patriarca Metodio con toda la asamblea, la fiesta de la Ortodoxia, que la Iglesia bizantina continúa celebrando cada año el primer domingo de Cuaresma y en el que se lee el Synodikon que expresa el gozo de los que han creído "por la predicación de la palabra y por la representación de la imagen". Allí se proclama la eterna memoria de los que confiesan la venida de Cristo por la Escritura y por la imagen, su única hipóstasis en dos sustancias, circunscrita e incircunscrita, de aquellos cuyos ojos han sido santificados por las imágenes, como lo fueron los oídos de los que escuchaban la palabra... de los que saben que lo invisible es reproducido por lo tangible.

El triunfo de la Ortodoxia ha sido definitivo. En Oriente las imágenes ya no conocerán en adelante contradicción alguna.[20] Es más, se irán sacando de la doctrina del Concilio consecuencias y aplicaciones teológicas y litúrgicas, hasta llegar a su culminación en la doctrina hesicasta de la deificación del hombre, de la luz tabórica, formulada por "el predicador de la luz divina", San Gregorio Palamás, [21] que orientará

---

20 En Occidente, en cambio, podemos hablar del iconoclasta protestante. Cf. sobre esta cuestión OUSPENSKY, *op. cit.,* p. 313. Con todo, este mismo autor constata que hoy día, mientras algún obispo ortodoxo se olvida tranquilamente del icono, un autor protestante (J. PH. RAMSEYER, *La Parole et l'Image,* Neuchâtel, 1963, p. 58) afirma: "La imagen forma parte de la misma esencia del cristianismo" (*ibid.,* p. 444, nota 14).

21 OUSPENSKY, *op. cit.*, p. 223. Cf. tarribién EVDOKIMOV, *op. cit.*, pp. 159, 160 y 179; E. SENDLER, *op. cit.*, p, 158, 162, 168, 171; GEORGE GALAVARIS, *The Icon in the life of the Church,* Leiden, 1981, p. 4. Todos estos autores subrayan la importancia de la luz que deifica, que transfigura –de aquí la centralidad del misterio de la Transfiguración en la liturgia y espiritualidad bizantinas– y que el

todo el arte, sobre todo en Rusia a partir del siglo XIV y que encontrará en la Trinidad de Roublev su más perfecta expresión.[22]

CONSECUENCIAS DE LA DOCTRINA CONCILIAR

En teoría, el catolicismo romano acepta el séptimo Concilio ecuménico y confiesa el dogma de la veneración de las imágenes, pero hay que reconocer que difiere de los orientales en la concepción de las mismas, y que, en todo caso, las imágenes nunca han llegado a tener en Occidente la influencia en la vida de la Iglesia y en su liturgia como en Oriente.[23] A nosotros, en efecto, fácilmente nos parecen exageradas expresiones tales como llamar al iconoclasmo "una suma herética", como lo llega a afirmar el Concilio, o decir que es la peor de todas las herejías porque ataca el fundamento del cristianismo que es la encarnación del Verbo, [24] o insistir en que el icono tiene que ser comprendido como un todo: teología, liturgia, misticismo, piedad popular.[25] Creo que se puede afirmar que –servatis servandis– el icono representa para los orientales lo que la reserva del Santísimo Sacramento para la piedad occidental.[26]

---

icono posee y transmite. El nimbo y la corona son como la expresión de la luz de la faz transfigurada, no un adorno exterior como en los "santos," cf. OUSPENSSKY, *op. cit.,* p. 156.

22 EVDOKIMOV, *op. cit.,* p. 142, habla de tres épocas del icono: época justiniana (s. VI); primer renacimiento bizantino (s. X-XII); segundo renacimiento bajo los paleólogos (s. XIV), que es la época de oro. ERNESTO ROS en su reciente libro, *Reflexiones sobre el Icono bizantino,* Barcelona, 1984, p. 14, propone cuatro períodos.

23 En la profesión de fe tridentina se dice: "Firmiter assero, imagines Christi ac Deiparae semper Virginis, necnon aliorum Sanctorum, habendas et retinendas esse, atque eis debitum honorem ac venerationem impertiendam", D. S. 1867. En el decreto referente a la veneración de las reliquias e imágenes se afirma que "honor, qui eis exhibetur, refertur ad prototypa, quae illa repraesentant", y se cita el Concilio Niceno II (DS 1823). Se advierte, con todo, que esta veneración y honor se tributa a las imágenes "non quod credatur inesse aliqua in iis divinitas vel virtus... velut olim fiebat a pentibus...".

24 EVDOKIMOV, *op. cit.,* p. 141.

25 Cf. GALAVARIS, *op. cit.,* p. IX.

26 El Señor se apareció a santa Margarita cuando oraba ante el Santísimo. El Staretz Silvano del Monte Athos –muerto el 24 de septiembre de 1930– cuenta así

Con todo, la tradición oriental del icono continúa, de alguna manera, en el arte románico occidental, por lo menos hasta principios del siglo XIII.[27] ¿La Virgen de Montserrat no es por ventura un bellísimo icono?

Obvia consecuencia de lo expuesto es que no podemos llamar icono a cualquier imagen, porque ya hemos visto que en el fondo el icono no pretende ser simple imagen, un cuadro o una obra de arte, sino un signo de lo trascendente, algo que nos pone en comunicación con lo que representa, es decir, que lo hace de algún modo presente.[28]

Para juzgar si una imagen es o no un icono existe, además, un verdadero canon iconográfico, que establece la conformidad del icono con la Sagrada Escritura y con la tradición. Tradición que encontramos formulada en los Concilios y que recogen unos manuales de iconografía como el griego *Hermeneia* o el ruso *Podlinnik*.[29] Además, para pintar un icono no basta el arte. Al artista se le exige la santidad de vida. "El icono de Dios no puede ser confiado al que lo desfigura y lo des-

---

su "gran gracia": "Un día... yo oraba ante el Icono del Salvador y contemplando la imagen decía: «Señor Jesús, ten piedad de mí, pecador.» A estas palabras, en lugar del Icono vi al Señor Jesús viviente, la gracia del Espíritu Santo llenó mi alma y mi cuerpo y conocí en el Espíritu Santo que Jesucristo es Dios..." (B. GOOSKENS, *L'expérience de l'Esprit Saint chez le Staretz Silouane,* ed. dictalografiada, p. 14. Cf. también: ARCH. SOPHONY, *Staretz Silouane....*,París, 1973, p. 28. En la pág. 26 se habla de otra gracia recibida ante el icono de la Virgen. Un caso semejante se cuenta de Simeón el Nuevo Teólogo: cf. OUSPENSKI, *op. cit.,* p. 483, nota.)

27 "Providencialmente, dice EVDOKIMOV (*op. cit.,* pp. 67 y 144), el arte occidental estuvo en retraso en relación con el pensamiento teológico." De hecho, el arte carolingio, otónico, románico y el del Trecento, viven, consciente o inconscientemente, de la inspiración icónica.

28 Aquí, me parece, que tocamos el punto más difícil para la mentalidad occidental. El icono, para los orientales, implica una *presencia.* Es una *anámnesis*, que nos hace entrar en contacto con la persona recordada. Una memoria eficaz que reproduce de algún modo la presencia de aquel que es recordado. Explicar cómo se realiza y en qué consiste esta presencia no es más fácil que exponer el alcance de aquellas presencias de Cristo –exceptuando la Eucaristía– de que habla el n. 7 de la Constitución de Liturgia del Vaticano II, entre las cuales los orientales habrían puesto sin duda el icono.

29 GALAVARIS, *op. cit.*, p. 4.

honra".[30] De Roublev se afirma que era un santo monje y que observava con gran celo los ayunos y observancias monásticas.[31] Un buen artista no tiene que representar solamente el cuerpo sino el alma. Para ello recibe una especial misión y una consagración por parte de la Iglesia. Es un arte litúrgico y que, por lo tanto, no depende del arbitrio del artista, sino del sentir de la Iglesia. El icono y la liturgia es un tema que valdría la pena desarrollar ampliamente.

Es evidente que en Occidente incluso el arte llamado religioso se ha emancipado y desacralizado, sobre todo a partir del Renacimiento. No es extraño, pues, que algunos lleguen a afirmar que no existe un arte propiamente sagrado. No sin razón se quejan hoy ciertos autores de la funesta influencia que este arte occidental desacralizado ha tenido sobre el arte iconográfico bizantino y eslavo.[32]

El redescubrimiento del icono por parte de Occidente podrá llegar a tener una trascendencia ecuménica si se funda en los principios dogmáticos promulgados en el segundo Concilio de Nicea. Es decir, si, al mismo tiempo que el icono, se descubre la importancia de un Concilio que, madurado tras una larga y cruenta persecución y preparado con gran diligencia y profunda reflexión teológico-histórica, no ha llegado a tener en Occidente la incidencia que merecía.

Es lo que, en otras palabras, viene a decir Dumeige al final de su estudio sobre el séptimo Concilio ecuménico, el último celebrado antes de la división entre la Iglesia de Oriente y de Occidente. Y con sus palabras terminamos: "Quien contempla un icono, sobre todo si es un hombre de Occidente imbuido de humanismo, acabará por sentirse contemplado. Y transformado. Se encontrará más cerca de sus hermanos salidos de otro mundo cultural en el tiempo y en el espacio. Y si su memoria es buena recordará que su aventura espiritual empezó con el segundo Concilio de Nicea." [33]

---

30 Concilio de los Cien Capítulos de 1551. Cf. Evdokimov, *op. cit.,* p. 183.

El iconógrafo ha de ser iluminado por el Espíritu Santo: "Nadie puede representar la imagen del Señor si no es movido por el Espíritu del Seflor. Él es el iconógrafo divino" (Evdokimov, *ibid.,* p. 13).

31 Trubetskoi, *Icons: Theology in color.* St. Vladimir's Seminary, 1973, p. 72.

32 "Las influencias occidentales han causado mayor daño a la pintura bizantina que los turcos", dice Radojcic. Cf. Ouspensky, op. cit., p. 223.

33 Dumeige, *op. cit.*, p. 201.

LOS ICONOS ORIENTALES Y LAS IMÁGENES DE OCCIDENTE

VALORACIÓN Y DISCUSIÓN

FRANCISCO JAVIER MARTÍNEZ MEDINA

Los cristianos de los tres primeros siglos, mostraron indiferencia y cierto menosprecio hacia las artes plásticas en general y muy particularmente a las imágenes, sin duda influidos por el predominio manifiesto del elemento judío y por el nuevo espíritu del culto que expresa el Nuevo Testamento.

El judaísmo, basándose en la revelación del Antiguo Testamento (Ex 20,4-5), prohíbe la fabricación de imágenes y su culto por temor a la idolatría, si bien no se manifiesta enemigo de toda representación artística, considerando a los artesanos, encargados de fabricar el Arca de la Alianza, escogidos e inspirados por Dios (Ex 35,31-34).

LAS PRIMERAS REPRESENTACIONES PLÁSTICAS CRISTIANAS

Ambiente en que nace el arte cristiano

Junto a la tradición del antiguo Israel, la nueva "hora" llegada con Jesucristo supone una visión distinta del auténtico culto al Padre, no situándolo en coordenadas espaciales sino en "espíritu y verdad" (Jn 4,20-24). Esta nueva relación con Dios se opone radicalmente a la preconizada por el mundo circundante donde religión y culto a los ídolos eran una misma cosa.

Muy tímidamente, pues, la primera comunidad cristiana hace sus inclusiones en el mundo de las artes plásticas. Se decoran las paredes de algunas casas dedicadas al culto (Doura-Europos) y de los lugares de enterramiento, que por su situación subterránea fuera de las ciudades se han conservado hasta hoy.

Varios son los temas representados: a) Pinturas simbólicas de origen pagano a las que los fieles les dan nuevo sentido, imposible de captar por sus coetáneos. Así la figura de Hermes (Kriophóros) del arte griego arcaico, pasará a ser símbolo del Buen Pastor (Jn 10); la "pietas" romana se transformará en la orante del arte cristiano; el pámpano, elemento decorativo muy usado en la antigüedad, les recuerda el texto de Jn 15: "Yo soy la vid verdadera". b) Escenas y personajes del Antiguo Testamento que serán figuras del Nuevo (Noé y el arca, Jonás y la ballena, Daniel entre los leones, Moisés y la roca, etc.), y milagros y acontecimientos evangélicos (resurrección de Lázaro, multiplicación de los panes, curación del paralítico, etc.). c) Alegorías y símbolos que hacen referencia al misterio cristiano, como pueden ser la paloma, el pez, el ancla, etc.

Resulta difícil precisar cuándo y cómo se supera la primera oposición a las representaciones plásticas en las comunidades cristianas. Desde los orígenes se puede hablar de cierta influencia en el estilo por el arte ambiente, siendo lo específico de este naciente arte cristiano la desnudez, intensidad espiritual y una total ausencia de afán por los efectos exteriores, expresión genuina del nuevo credo.[1] Por todo esto, las primeras representaciones cristianas, no se pueden considerar imágenes ni mucho menos objetos de culto. Son meras creaciones simbólicas que animan a los creyentes perseguidos y les exhortan con la esperanza de la vida futura y la resurrección,[2] tema central de las pinturas.

Las imágenes en los primeros siglos del cristianismo

En las actas conciliares más antiguas que se conservan, correspondientes al Concilio de Elvira (Granada), celebrado hacia el 300, siete

1 Cf. R. Huyghe, *El arte y el hombre*, t. II, Barcelona, 1977, p. 13

2 Cf. O. Marucchi, *Manuale di archeologia cristiana*, Roma, 1933, p. 279.

cánones de los ochenta y uno que lo componen condenan el culto a los ídolos y se prohibe además, en el canon 36, la pintura en los templos cristianos: "Decidimos que en las iglesias no debe haber pinturas, para que aquello que se adora y reverencia no se vea retratado en las paredes."

Pero unos años más tarde, con el Edicto de Milán y la entronización del cristianismo como religión oficial, se va a cambiar paulatinamente de actitud sin que algunos sectores abandonen su postura intransigente. De los pequeños "tituli" y catacumbas se pasa a las grandes basílicas, martyría y baptisterios. El culto se engrandece y las pinturas, mosaicos, esculturas y objetos litúrgicos ambientan y dan enmarque a la celebración.

La afluencia masiva de conversos procedentes del paganismo incorpora a la nueva religión sus tradiciones y costumbres. Ellos están habituados a las imágenes. Así, del sentimiento de rechazo de los primeros tiempos, se pasa a ver en ellas una ayuda para la misión; una catequesis visual para los que no saben leer en los libros.

En el siglo IV existen ya imágenes en los templos y en el tránsito del IV al V se puede hablar de cierto culto a las mismas. La primera representación que recibe relativo culto es el lábaro (crismón) o estandarte romano en forma de cruz, al que Constantino hizo grabar el anagrama de Cristo en señal de agradecimiento por haberle conseguido la victoria en la batalla.

A partir de aquí la iconografía comienza a desarrollarse ampliamente. Se ha pasado del rechazo y la prohibición de la imagen a su admisión e incluso a considerarla como objeto de culto. Pero el concepto y la valoración de las mismas variará según el tiempo y sobre todo el lugar, contribuyendo a ello, muy particularmente, la división del Imperio Romano y el pensamiento subyacente en cada una de sus partes, en Oriente y Occidente:

1. En primer lugar, el mundo griego, con influencias orientales y platónicas, para los que la materia se considera como un estadio inferior al espíritu, valora las imágenes y las considera más auténticas en la medida que prescinden del mimetismo y de la tentación retratista. Las representaciones plásticas cumplen su misión cuando nos trasladan del mundo material al orden espiritual de las ideas.

2. En segundo lugar, el mundo romano, dominado por el sentido positivista del arte propio del naturalismo meridional, que considera a la imagen como copia fotográfica del original; sus pinturas, mosaicos y sarcófagos tienen un sentido de composición escultórico, tratando de crear formas de bulto redondo opuestas esencialmente a la desmaterialización platónica del arte helénico. De aquí la importancia del retrato en Roma y su función socio-religiosa: hacer presente cuasi físicamente a quien representa.

Y, unidas a estas dos concepciones, las reacciones iconoclastas, que como constantes históricas se suceden en una y otra Iglesia, van a hacer posible la elaboración de dos teologías sobre la imagen.

LOS ICONOS ORIENTALES

Son herederos del concepto de la imagen del mundo griego influido por el idealismo oriental. La característica fundamental de su composición artística se basa en la desmaterialización de la figura en el espacio, siguiendo el ideal de Plotino.

Las crisis iconoclastas que se suceden en las Iglesias Orientales dan lugar a toda una elaboración sistemática sobre el sentido y contenido de los iconos, de ahí que al hablar de éstos, no se pueden olvidar aquéllas.

A nuestra mentalidad occidental, con una filosofía de marcado carácter aristotélico, le resulta extraño la importancia que en el oriente bizantino se da a las discusiones sobre los iconos y cómo éstos ocupan un lugar destacado en la fijación de su pensamiento teológico. El defenderlos o no, no es, para un creyente oriental, una cuestión secundaria; es tomar opción por un credo u otro.

Por ello, para comprender en profundidad la valoración de los iconos, es necesario conocer la querella iconoclasta y sus consecuencias para la fe de las Iglesias Orientales.

El pensamiento iconoclasta

Varias son las causas que se apuntan en el origen del problema. Inicialmente se plantea como "una reacción contra los excesos de un culto a veces idolátrico de las imágenes, contra su contaminación por una concepción mágica que confunde el icono y la eucaristía y preconiza la consustancialidad de la imagen y su modelo".[3]

El conflicto estalla cuando en el 725 el emperador León el Isáurico promulga un edicto prohibiendo el culto a las imágenes. La causa de esta actitud hay que buscarla en su procedencia de las provincias orientales donde aún estaba latente el pensamiento monofisita, que defendía la absorción de la humanidad de Jesucristo por su divinidad, originando así una sola physis en la persona del Verbo.

La formulación definitiva del pensamiento iconoclasta se hizo en el Concilio que en el 753 convoca en el palacio de Hieria el emperador Constantino, hijo y sucesor de León. Sus tesis frente a los iconódulos niegan: a) la posibilidad de representar la divinidad en las imágenes de Cristo y de los santos, por temor a confundir las naturalezas y encasillar así lo que no es expresable; b) la posibilidad de representar la humanidad, dividiendo de esta manera lo que en Cristo es indivisible y aproximándose así al nestorianismo.

En último término, con esta postura anicónica, no sólo se niega la creación de imágenes y su culto, sino que lo que se pone en evidencia es la definición de Calcedonia en relación a la unión hipostática, no admitiendo el misterio de la Encarnación y sus consecuencias para la vida de la Iglesia. [4]

La reacción contraria no se deja esperar; se escriben tratados, se predica, se crean los cánones de los iconos a nivel artístico y, sobre todo, se define el sentir común de las Iglesias en esta materia. Muestra de esto es la carta enviada por el II Concilio de Nicea a la Iglesia de Alejandría donde expresamente condena a "todos los que de palabra aceptan la economía del Verbo de Dios hecho carne y luego rehúsan verlo presente en las imágenes, con lo cual, mientras con las palabras simulen estimarlo, en realidad niegan nuestra salvación...". [5]

---

3 P. Evdokimov, *L'art de l'icône. Théologie de la beauté,* París, 1972, p. 167.

4 Cf. E. Sendler, *L'icône, image de l'invisible,* París, 1981, p. 38.

5 J. D. Mansi, *Sacrorum conciliorum nova et amplissima collectio,* t. XIII, Florentiae, 1767, 812 y 813,

La doctrina sobre los iconos

Si los iconoclastas, al no admitir la fabricación y el culto a los iconos, se manifiestan contrarios a la doctrina de la unión hipostática del Logos formulada por Calcedonia, los iconódulos, al defender su existencia y su culto, afirman su fe en la realidad de la Encarnación.

Proponen como fundamento último del icono el texto de Pablo que define a Cristo como "imagen del Dios invisible" (Col 1,15). Su persona tiene como misión hacer presente a Dios en el mundo y restablecer plenamente esa otra imagen que puso Dios en el hombre (Gn 1,26) y que se vio enturbiada por el pecado. Por la Encarnacióri, Cristo "no se aferró a su condición divina, al contrario se despojó de su rango y tomó la condición de esclavo, haciéndose uno de tantos" (Flp 2,6-7).

Él no despreció la naturaleza humana, lo material, sino que la asumió plenamente, uniéndola a la naturaleza divina en la persona del Logos. Desde ese momento lo material es el camino a lo Trascendente. Jesucristo es la imagen de Dios y los iconos son las imágenes de Cristo. Y esto se debe, según Teodoro Estudita, a la voluntad expresa de Dios que ha querido que de la Encarnación sólo podamos ver su aspecto humano: "La hipóstasis de Cristo circunscrita, no según la divinidad que nadie la ha visto jamás, sino según la humanidad que es contemplada en ella a la manera de individuo." [6] Y si la persona de Cristo puede y debe ser representada por medios humanos (maderas, colores, etc.), lo lógico es que estas imágenes reciban la veneración que corresponde a la persona a que hacen referencia.

La confesión del misterio de la Encarnación va unida indisolublemente a la confesión de María como Madre de Dios: "Porque Cristo que ha nacido de Padre indescriptible no puede tener imagen... pero en el momento que Cristo ha nacido de una Madre descriptible, tiene naturalmente una imagen que corresponde a la de su Madre." [7] Es ésta la causa por la que en la religiosidad y en la iconografía oriental el tema de la Virgen como Madre de Dios adquiere tanta importancia. Los iconos de la Virgen son esencialmente cristológicos.

---

6 S. Teodoro Estudita, *Antirrheticus tertius adversus iconomachos*, c. I 24 : PG 99, 401 A.

7 S. Teodoro Estudita, o. c., c. II 3 : PG 99, 417 C.

Partiendo de lo dicho hasta ahora ¿cómo definir el icono? "¿Cómo hacer una imagen de lo Invisible? (...) Si tú has comprendido que lo Incorporal se hace hombre por ti, es evidente, que tú puedes ejecutar su imagen humana. Pues lo Invisible se ha hecho visible tomando carne, tú puedes fabricar la imagen de lo que se ha visto..., grabada pues sobre la madera y presentado a la contemplación él ha querido llegar a ser visible." [8] El icono sería, pues, la imagen de lo invisible según este texto de san Juan Damasceno.

En esta misma línea de pensamiento, el Concilio II de Nicea (787), en su sesión VII, definirá que "con toda certeza y diligencia deben proponerse a la veneración de los fieles no sólo la preciosa y vivificante cruz, sino también las venerables y santas imágenes, ya sean pintadas, o en mosaico o en cualquier otra materia –pues– los que las contemplan se sienten movidos al recuerdo, al afecto, al ósculo y a tributarles una adoración de honor –no a la imagen en sí, ya que– la honra dada a la imagen, efectivamente pasa al prototipo y quien adora a la imagen adora en ella a la persona representada...". [9]

Al poner el Concilio entre la misión de la imagen el ser portadora y actualizar el recuerdo de la vida del Señor y de los santos, destaca uno de los fines que las justifican: la formación catequética del pueblo. En este sentido Michail Alpatov, historiador del arte, señala en una de sus obras dedicada al tema en cuestión cómo, en la conversión de Rusia, las representaciones plásticas de los misterios de la salvación y de la vida de los santos ocuparán para la gente analfabeta el lugar de la Sagrada Escritura, facilitándoles el conocimiento de la doctrina ortodoxa al convertir las decoraciones de sus templos en síntesis de su credo.[10]

El icono como lugar de la presencia

Pero la iconografía oriental no pretende solamente ser vehículo de información que eduque la fe, sino sobre todo cauce de formación activa de la vida del creyente; y esto porque la relación icono-prototipo

---

8 S. Juan Damasceno, *Oratio apologetica prior adversus eos qui sacras imagines abjiciunt*, 8 : PG 94, 1240 A.

9 J. D. Mansi, o. c., t. XIII, 378 y 379.

10 Cf. M. Alpatov, *Le icone russe. Problemi di storia e d'interpretazione artistica,* Turín, 1976, p. 35.

no es ni de simple retrato, ni tampoco de esencia reservada únicamente a la eucaristía. En las Iglesias Orientales la relación de la imagen con el prototipo es la semejanza de la hipóstasis.[11]

Los iconos de Cristo, al dejar ver lo invisible de Dios, se convierten en hipóstasis del Logos; no representan a una de sus dos naturalezas sino a las dos, manifiestan su hipóstasis, el misterio mismo de la Encarnación,[12] esencial e inseparable a la persona de Jesucristo.

Lo distintivo, por tanto, del icono es ser lugar de la presencia no sustancial (sacramental), como algunos quisieron ver, sino con un valor parecido al que en nuestra terminología teológica occidental damos a los sacramentales.

En relación con las representaciones iconográficas de los santos hay que hacer notar su significado, al no hacer referencia a las dos naturalezas propias de Cristo. En ellos se quiere expresar los dos cuerpos, el terrestre y el celeste, el primero deificado es imagen del segundo.[13]

De esta forma se comprende la técnica de composición artística del icono al intentar plasmar no simplemente la imagen de un hombre corruptible sino la de un Dios hecho hombre incorruptible. [14]

Las representaciones icónicas son siempre desmaterializadas, ya sean imágenes o espacios arquitectónicos. Nunca se permite representar un retrato mimético de Jesucristo, la Virgen o los santos, sino que conscientemente se pretende evitar la copia de los modelos vivos. Lo que se procura es plasmar el prototipo en lo que éste lleva siempre de imitación de lo invisible; no es la belleza física o natural lo que se quiere copiar, sino su parecido con la divinidad, la belleza Trascendente.

Así se explica la ausencia o escasez de esculturas e imágenes exentas de bulto redondo. Hay una guerra declarada al volumen que transporta al mundo de las realidades tangibles. Nada es improvisado en

---

11 "El prototipo no está en la imagen según la esencia (...), el prototipo está en la imagn según la semejanza de la hipóstasis." S. TEODORO ESTUDITA, o.c., C. III, 1 : PG 99, 420 D.

12 Cf. S. TEODORO ESTUDITA, o. c. I 34 : PG 99, 405 B.

13 Cf. P. EVDOKIMOV, o. c., p. 172.

14 Cf. S. TEODORO ESTUDITA, *Adversus iconomachos capita septem*, c. I: PG 99, 488 C.

el icono; los colores tienen un valor simbólico, la arquitectura que los enmarca –edificios de planta centralizada con varias cúpulas– parten del concepto de desmaterialización del espacio, los personajes que intervienen guardan un riguroso esquema según sea lo que representen. No se puede hablar de creatividad o libertad artística. El sistemático empleo del color dorado crea un ambiente mistérico, su contemplación nos introduce en un espacio cósmico, en la Liturgia del Cielo.

Iconos y liturgia

El icono está concebido para un espacio sagrado-celebrativo. Su sola presencia desmaterializa los muros del templo o convierte la habitación de una casa en una Iglesia doméstica.

La liturgia celebra lo que el icono representa: los misterios de la fe. En este sentido se puede hablar de que el contenido de la iconografía oriental es esencialmente litúrgico.[15] No se concibe una celebración sin iconos, ni que éstos expresen algo que no haga referencia a la liturgia. Hay un esquema iconográfico fijo que siguen todos los templos orientales desde los pies a la cabecera pasando por la cúpula.

En general, las Iglesias Orientales consideran a la liturgia como un gran Icono en el que se representa, haciéndola presente, la Historia de la Salvación.[16]

LAS IMÁGENES DE OCCIDENTE

Si, como indicábamos antes, los iconos orientales se consideran herederos de la gran tradición del pensamiento neoplatónico griego, lógicamente las imágenes de Occidente lo serán del esquema ideológico del Imperio Romano, que en el terreno artístico es considerado como sincrético, limitándose a copiar y hacer síntesis de las artes que encuentra en las regiones conquistadas.

Con todo, Roma aporta a la historia del arte varias innovaciones como pueden ser los nuevos tipos de edificios públicos, la superposición de la arquitectura adintelada y abovedada, la recreación de

15 Cf. C. Kalokyris, *"Contenido de la iconografía oriental"*: *Concilium,* 152 (1980) 177-186.

16 Cf. P. Evdokimov, *Ortodoxia,* Barcelona, 1968, p. 243.

monumentos conmemorativos de sus victorias y, sobre todo, el empleo sistemático del retrato con un valor distinto al que hasta ahora se la había dado. El retrato en Roma encierra siempre una dimensión religiosa: representa la pervivencia del antepasado familiar que se hace presente en la liturgia doméstica y del emperador endiosado al cual el pueblo rinde culto.

Las imágenes de Occidente son hijas de esta mentalidad, queriendo ser retrato fiel de la persona humana que representan. Por tanto, desde los comienzos, en contraposición a los iconos, manifiestan su preferencia por la escultura exenta de bulto redondo, el relieve y la tridimensionalidad espacial en la pintura.

La influencia de Constantinopla hace que las primeras representaciones plásticas cristianas estén influidas por los cánones icónicos, tendencia que perdurará con matices y variantes, llegando incluso hasta el cuatrocento italiano y a gran parte de nuestros clásicos barrocos, donde algún esquema iconográfico, muy en concreto el de la Virgen con el Niño, mantiene idéntico dibujo que en Oriente, [17] si bien difieren en cuanto a su contenido intrínseco y a la impresión visual.

Valor de las imágenes en Occidente

La carta que el papa Gregorio Magno escribe a Sereno, obispo de Marsella, con motivo de la destrucción que éste hace de las imágenes en su diócesis, se puede considerar como el primer documento que define el valor de las mismas en occidente.[18] El Papa recrimina al obispo porque al destruir las imágenes ha privado a los fieles, especialmente a los incultos, de las enseñanzas que mediante ellas recibe el pueblo, ya que "una cosa es adorar una pintura y otra conocer a través de la historia pintada, qué es lo que hay que adorar. Porque –sigue diciendo– lo que la Sagrada Escritura proporciona a los que saben leer, es lo que la pintura proporciona a los analfabetos que saben mirar; en ella los ignorantes ven los ejemplos que tienen que imitar y leen lo que no saben leer".

---

17 Cf. nota en L. Ouspensky, *La Théologie de l'icône dans l'Église orthodoxe*, París, 1980, p. 164.

18 S. Gregorio Magno, *Epistola XIII. Ad Serenum Massiliensem Episcopum*: PL 77, 1128 C.

Pero será santo Tomás de Aquino en su comentario a las sentencias de Pedro Lombardo, quien sistematice su misión y razón de ser estando sus escritos en la base de todo el pensamiento posterior de la Iglesia romana en esta materia.[19] Son tres las causas que, según él, justifican la presencia de las imágenes:

1. La primera es la instrucción del pueblo sencillo que, viéndolas, descubre aquello que no puede leer. Éste es el argumento más común esgrimido por toda la tradición patrística apuntado en la cita anterior.

2. La segunda es hacer presente constantemente a nuestra contemplación la historia de la salvación y los ejemplos de los santos que la han vivido en plenitud. Esta afirmación parte del principio de que al hombre no le basta oír hablar una vez de los misterios de nuestra fe sino que necesita que cada momento de su vida se vea iluminado por la Palabra de Dios y por la vida de los santos. Las imágenes, así consideradas, están puestas al mismo nivel de la lectura asidua del Evangelio, la meditación y lo que se ha dado en llamar literatura edificante o religiosa.

3. La tercera es consecuencia de la anterior: el recuerdo del amor de Dios y de los ejemplos de la vida de los santos que nos proporcionan las imágenes, nos mueven a devoción y alimentan nuestra vida cristiana, ya que el hombre asimila mejor lo que oye si lo ve.

El pensamiento de santo Tomás no fue compartido por todos, ni en todos los tiempos. El siglo XVI supone para Occidente un momento importante en la sistematización del valor de las imágenes. La postura iconoclasta del pensamiento protestante movió a los escritores de la contrarreforma a defender y valorar en su justa medida el lugar de las mismas en el culto y en la devoción del pueblo. El protestantismo desempeña en Occidente el mismo papel que, unos siglos antes, los iconoclastas en Oriente.

Los reformadores, ante los abusos cometidos en esta materia, invocan el Concilio de Elvira con argumentos parecidos a los de los icono-

---

19 "Fuit autem triplex ratio institutionis imaginum in Ecclesia. Primo ad instructionem rudium, qui eis quasi quibusdam libris edocentur. Secundo ut incarnationis mysterium et sanctorum exempla magis in memoria essent, dum quotidie oculis repraesentatur. Tertio ad excitandum devotionis affectum qui ex visis efficacius incitatur quam ex auditis." S. Tomás De Aquino, *In tertium librum sententiarum,* dist. 9, q. 1, a. 2, sol. 2.

clastas. En general, al no admitir más mediaciones que la de la Palabra, niegan el sentido y valor de las imágenes, aunque particularmente cada autor y cada Iglesia tomaron posturas distintas.

Lutero ve en el culto a las imágenes la violación del primer precepto, considerándolas patológicas y dañinas para la fe. Zuinglio, más cercano al espíritu humanista, no ve en ellas tanto peligro. Mientras que Calvino rechaza la función cristiana de la imagen y que contenga cualidades manifiestas; quien representa a Dios lo rebaja y envilece.[20]

La reacción en el pensamiento católico no tarda en salir a la luz. Santa Teresa nos recuerda con su vivo lenguaje el impacto que le produjo el conocimiento de estas doctrinas: "En este tiempo vino a mí la noticia de los daños y estragos que habían hecho en Francia estos luteranos y cómo iba en crecimiento esta desventurada secta; y, como si yo pudiera algo y fuera algo, lloraba con Nuestro Señor y le suplicaba remediase tanto mal." [21] Se crea toda una doctrina que se verá plasmada en el decreto sobre las imágenes de la sesión XXV de Trento.

En las grandes figuras de la reforma católica –finales del XVI y comienzos del XVII– las imágenes sagradas, ya sean pinturas o esculturas, ocupan un importante lugar en su conversión y un continuo estímulo para su vida cristiana.

Así consta en la metodología de los *Ejercicios Espirituales* de san Ignacio, obra clave para comprender el sentido religioso y espiritual de la contrarreforma, donde la representación mental de las imágenes ocupa un lugar importante. Con la "aplicación de sentidos" y la "composición de lugar" se intenta que el ejercitante tenga una experiencia de Dios que abarque a todo su ser personal.

Para santa Teresa la contemplación de una imagen es el medio por el que Dios inicia su conversión: "Pues andaba mi alma cansada y, aunque quería, no la dejaban las ruines costumbres que tenía. Acaecióme que, entrando un día en el oratorio, vi una imagen que habían traído allí a guardar... Era un Cristo muy llagado y tan devota que en mirándola, toda me turbó de verla tal, porque representaba bien lo que pasó por nosotros. Fue tanto lo que sentí de lo mal que había agrade-

---

20 Cf W. Hofmann, *Luther und die Folgen für die Kunst,* Hamburg, 1984, páginas 32 y 33.

21 S. Teresa de Jesús, *Camino de perfección*, c, I, 2.

cido aquellas llagas, que el corazón me parece se me partía, y arrojéme cabe Él con grandísimo derramamiento de lágrimas, suplicándole me fortaleciese ya de una vez para no ofenderle."[22]

San Juan de la Cruz dedica a este tema varias partes de su obra. Considera "a las imágenes y retratos" útiles "para despertar nuestra tibieza". Los fines de las mismas según el pensamiento de la Iglesia son dos: "reverenciar a los santos en ellas y para mover la voluntad y despertar la devoción por ellas a ellos; y cuanto sirven a ello son provechosas y el uso de ellas necesario". Aconseja además que se han de escoger "las que más al propio y vivo están sacadas y más mueven la voluntad a devoción".[23]

Y san Juan de Ávila nos recuerda cómo la Iglesia "nos propone imágenes del cuerpo del Señor para que, despertados por ellas, nos acordemos de su corporal presencia, y se nos comunique algo, mediante la imagen, de lo mucho que se nos comunicará con su presencia".[24]

Las citas de los autores sería casi interminable. Su pensamiento se ve plenamente plasmado en el decreto sobre las imágenes sagradas que proclama la sesión XXV del Concilio de Trento y que se puede considerar, sin temor a equivocarnos, como el resumen del sentir común en esta materia de un largo período de la Iglesia Católica que abarca hasta nuestros días: "...por medio de las historias de los misterios de la redención, expresadas en pinturas y en otras representaciones, se instruye y afirma el pueblo en los artículos de la fe, que deben ser recordados y meditados continuamente, y añádase que de todas las sagradas imágenes se saca mucho fruto, no sólo porque recuerdan a los fieles los beneficios y dones que Jesucristo les ha dado, sino porque también se

---

22 S. Teresa de Jesús, *Vida,* c. IX, 1.

23 S. Juan de la Cruz, *Subida al Monte Carmelo,* I-III, c. 35, 2 y 3. Sin embargo, en la espiritualidad de San Juan lo ideal es no necesitar imágenes, pues el creyente que ha decantado su fe "pocas imágenes ha menester". Considera que en ellas "puede haber mucha vanidad y gozo vano" ya que, según sigue diciendo, "hay muchas personas que ponen su gozo más en la pintura y ornato de ellas que no en lo que representan" (o. c., c. 35,2).

Con estas afirmaciones el santo reconoce, en parte, la postura negativa de los reformadores protestantes, dándole así más fuerza a sus argumentos sobre el verdadero valor de la imagen que indicamos en el texto.

24 S. Juan de Ávila, *Audi filia,* c. 74.

exponen a la vista del pueblo los milagros que Dios ha obrado por medio de los santos y sus ejemplos saludables, con el fin de que den a Dios gracias por ellos, conformen su vida y costumbres a las de los santos, y se exciten a adorar y amar a Dios y a practicar obras de piedad".

Las imágenes y el arte a partir del Vaticano II

La valoración actual de las imágenes se presenta mucho más compleja que en la etapa anterior. Los documentos emanados del Concilio Vaticano II [25] siguen manteniendo la necesidad de exponerlas a los fieles, si bien piden que el número y orden debe ayudar a la auténtica piedad y no servir de distracción en el ambiente celebrativo.

Se establece, además, que todos los objetos destinados al culto sean "dignos, decorosos y bellos, signos y símbolos de las realidades celestiales", [26] evitando "que repugnen a la fe, a las costumbres y a la piedad cristiana y ofendan el sentido auténticamente religioso, ya sea por la depravación de las formas, ya sea por la insuficiencia, la mediocridad o la falsedad del arte". [27]

Con todo, la realidad actual es que las imágenes dicen poco a nuestro pueblo y no cumplen la misión que les es propia. A ello han contribuido varios factores como pueden ser la mala calidad artística y la poca fuerza plástica de muchos de los "santos de serie" que sin orden ni plan iconográfico han poblado los templos; el poco atractivo que los símbolos hagiográficos, consagrados por el gótico o el barroco contrareformista, tienen para el hombre de hoy con otra sensibilidad artística y religiosa y, sobre todo, la falta de formación religiosa del pueblo cristiano y muy en especial de los artistas e intelectuales por el divorcio entre la fe y la cultura, causa ésta que propicia a la vez el olvido por parte de la Iglesia de la formación artística de los pastores de la comunidad y de los que se preparan para serlo (*SC*, 127 y 129).

Sería necesario plantearse con seriedad, en la actual cultura de la imagen, una nueva valoración en función del servicio que las imágenes sagradas pueden prestar a la fe y a la formación de nuestras comunidades, teniendo en cuenta que una imagen fotográfica proporciona al

---

25 Cf. SC. 125; IGMR. 278; CIC. 1188.
26 SC. 122; IGMR. 254.
27 SC. 124.

hombre de hoy una especial sensación de presencia que la lleva incluso a la relación casi física con lo que representa. [28]

Imágenes y liturgia

En la celebración litúrgica las imágenes nos ponen delante de la vista los misterios de la salvación que conocemos por la fe, oímos por la palabra y representamos en el culto. Su misión es la de mediar en forma de presencia, de cercanía de la persona que conmemoramos.

No podemos, por tanto, reducir la imagen a una sola de sus funciones –ser escritura de los analfabetos–, ya que a todos, incultos y cultos, la contemplación de una representación plástica nos recuerda y acerca a la persona representada. [29] En este sentido conviene recordar que en el centro de la liturgia de la Iglesia Romana –celebración del Triduo sacro de la pasión, sepultura y resurrección–, la adoración de la cruz del Viernes santo no es una devoción más o menos piadosa sino el núcleo de este día.

Con todo, a diferencia del icono, esa presencia no reviste la forma de sacramental, sino la de mero recuerdo que nos instruye, trae a la memoria y anima a imitar a la persona representada. Según esto ¿qué es lo que diferencia al icono oriental de las imágenes del occidente?

DISTINCIÓN ENTRE ICONO E IMÁGENES

En un ensayo que el profesor Guardini dedica como teólogo al arte religioso, distingue entre imagen de culto e imagen de devoción (Kultbild und Andachtsbild). [30] Esta distinción y su análisis puede servirnos para diferenciar el sentido, valor y misión de lo que denominamos iconos orientales e imágenes en Occidente.

El icono –según indicábamos– se presenta ante nosotros como algo misterioso, metahistórico. Su origen no parece estar en el hombre

---

28 Cf. SERRACINO INGLOTT, "Icone e figura. Tradizioni ecclesiali e pratiche culturali": *Rivista liturgica* 70 (1983), 36-47.

29 Cf. J. ALDAZÁBAL, "Las imágenes", *Oración de las Horas,* 14 (1983), 332-337.

30 Cf. R. GUARDINI, *La esencia de la obra de arte*, Madrid, 1960.

sino en el ser de Dios, en lo Trascendente. Lo hemos definido como el lugar de la presencia, la parusía de Dios hacia el hombre.

Es expresión del dogma inmutable, que tiene por misión transportar al hombre al ámbito de la divinidad. Sus cánones son fijos; el artista no puede crear, sólo intenta copiar la belleza de Dios que se nos manifiesta por el misterio de la Encarnación.

Con su presencia sacraliza el espacio que lo contiene, desmaterializando los muros del templo y prolongando éste en la pequeña iglesia doméstica o rincón de la casa que preside la vida de sus habitantes.

La imagen, por el contrario, nace de la experiencia de la comunidad y por tanto está sometida a las corrientes de pensamiento teológico y de religiosidad popular. La hemos definido como fuente de recuerdo, anámnesis de la obra salvadora aplicada en el tiempo.

Su misión es acercar el misterio de Dios a los hombres en la historia. Es retrato de la teología de cada época, por eso cambia con el tiempo, se adapta a las distintas formas en que el hombre descubre a Dios y a su obra en la historia. Su espacio propio es el hombre, introduciendo en el templo las dimensiones humanas y familiares.

Por último, apuntar una nota final de carácter práctico referente al concepto de imagen dominante en España. De todos es conocida nuestra tradición iconográfica y su profunda incidencia en la fe del pueblo, que ha dado lugar no pocas veces a desenfocar el culto.

El origen de este fenómeno podemos encontrarlo en la mezcla existente en nuestra cultura hispana entre el idealismo oriental y el naturalismo propio de los pueblos mediterráneos. No olvidemos la posición histórica y geográfica de nuestro país como puente entre Europa y África, Occidente y Oriente.

Como consecuencia, en el arte español se da la unión interna entre historia y realidad, idealismo oriental (factor histórico) y naturalismo meridional (factor real). De aquí que la valoración intrínseca que damos a las representaciones plásticas participen del concepto del icono y de la valoración de la imagen, viendo en ellas no sólo el recuerdo de la obra de Dios y una ayuda para nuestra vida cristiana, sino también lugar de la presencia y del encuentro cuasi sacramental. De esta forma se justifica la importancia que las imágenes han tenido en la historia de nuestras iglesias, a la vez que puede ser punto de partida para un nuevo planteamiento pastoral.

CUADERNOS PHASE
Fascículos disponibles

16. Pastoral sacramental con los enfermos
17. Sentido teológico y pastoral de las bendiciones
18. Teología del ministerio
19. Presidir la Eucaristía
20. Las iglesias y su dedicación
21. Formación litúrgica en los seminarios
22. La asamblea: teología y pastoral
23. El culto eucarístico
24. Vivir según el domingo
25. Sacramento de la reconciliación y Eucaristía
26. Acuerdos ecuménicos sobre ministerio
27. La liturgia es una fiesta
28. Por qué cantar en la liturgia
29. Liturgia: celebrar el misterio
30. Tres documentos de pastoral litúrgica
33. La palabra en la celebración
34. El Espíritu Santo
35. La inculturación en la liturgia
36. Profesión religiosa y espiritualidad litúrgica
37. Redescubrir el culto a los santos
38. Evangelización, catequesis y liturgia.
44. Liturgia y medios de comunicación
46. Vivir el tiempo como salvación
51. La liturgia en el mundo de hoy
52. Liturgia y vida espiritual
53. Obispo y liturgia diocesana
54. La Iglesia celebrante
55. Música instrumental y canto
59. La oración y su dinámica
60. ADAP. Los domingos sin sacerdote
62. Los cuatro evangelios
64. Líneas básicas del movimiento litúrgico
65. El bautismo en la Roma medieval (Ordo Romanus XI)
67. El altar
68. El ayuno y la abstinencia
69. El Oficio divino en Oriente y Occidente
70. El Espíritu Santo, la Iglesia y los sacramentos
71. Las cuatro plegarias eucarísticas del misal romano
72. Simbología y gracia del Bautismo
73. La liturgia en el "Catecismo de la Iglesia católica"

74. La piedad de la Iglesia (Lambert Beauduin)
75. La Didajé – La Tradición apostólica
79. Vida litúrgica y oración personal
80. El calendario
81. El lector
83. La distribución de los salmos en el Oficio divino
84. El sacramento de nuestra fe
85. Introducción a las liturgias orientales.
86. Biblia y Cuaresma
87. La fiesta de Pascua y el tiempo pascual
89. Apostolicidad y ministerio
90. Redescubrir el Espíritu Santo
95. La penitencia en la Iglesia antigua
96. El Gloria y el Te Deum.
97. La penitencia en la Edad Media
98. Las leyes de la liturgia
99. El don de la Indulgencia
100. El espíritu de la liturgia
101. El libro santo de los Evangelios
102. La salmodia festiva de Laudes
103. Breve historia de la liturgia occidental I
104. Breve historia de la liturgia occidental II
105. Oyentes de la palabra
106. La liturgia, fuente de la vida espiritual
107. La asamblea litúrgica
108. Las lecturas bíblicas de la Liturgia de las Horas
109. Bautismo y confirmación
110. Los estipendios
111. Parroquia y vida litúrgica
112. Pío X y la reforma litúrgica
113. El talante simbólico de la liturgia
114. Retablo de ritos pascuales
115. La concelebración
116. La ordenación episcopal
117. Santa María en Oriente y Occidente
118. El bautismo de los párvulos
119. Iglesia y Eucaristía
120. La gradual renovación litúrgica. Las Instrucciones para aplicar la "Sacrosanctum Concilium"
121. Al filo del año litúrgico
122. "Mediator Dei"
123. Catequesis a los recién bautizados
124. El remedio de la penitencia
125. Cristo en los salmos
126. Los iconos